As peculiaridades do Direito Penal

Autor: Eudes Borges

Produção Independente: eudesferreira.blogspot.com

Recife/PE, abril de 2021.

Dedico este livro, de minha autoria, a todos os amantes do Direito, bem como aos que são fascinados pela leitura. A você que entende que o conhecimento é a melhor forma de evolução do homem moderno.

O AUTOR

Nascido na década de 1970, no estado de Pernambuco, Eudes Borges viveu sua infância em Recife, onde se dedicou aos estudos. No ano de 2003 passou a estudar, com mais profundidade, o curso de teologia, e já em 2010 criou o blog *Sem Medo de Dizer a Verdade* - **eudesferreira.blogspot.com**, disponibilizando, diariamente, artigos diversificados. Em 2011 instituiu seu canal na plataforma do Youtube, aonde também vem lançando suas mensagens construtivas e interessantes. No ano de 2012, formou-se Bacharel em Direito na Faculdade de Ciências Humanas de Pernambuco - SOPECE. Advogado licenciado desde 2012, por força do Artigo 28, Inciso II, do Estatuto da Advocacia e da Ordem dos Advogados do Brasil – OAB, tem se dedicado aos ensinamentos atualizados no campo da teologia cristã e na área do Direito Penal, Processual Penal, Civil e Processual Civil. Autor dos livros: **A Verdade que Liberta; Aquilo que eu disse; Revelações do Profeta Jeremias, Mensagens que vão me ajudar e Aprendendo com Cristo;** todos disponíveis para compra no www.amazon.com.br.

SUMÁRIO

Prefácio..07

Capítulo 01 - Entendendo a norma jurídica - Existência, validade, vigência e aplicação da Norma Jurídica...08

Capítulo 02 - Resumo sobre a teoria do crime.....................................11

Capítulo 03 - Legítima defesa putativa e real 12

Capítulo 04 - Resumo sobre o concurso de pessoas no Direito Penal..............13

Capítulo 05 - Conheça algumas peculiaridades do Direito Penal......................19

Capítulo 06 - Inimputabilidade penal por anormalidade mental......................23

Capítulo 07 - O erro no Direito Penal..28

Capítulo 08 - O problema da embriaguez..35

Capítulo 09 - Generalidades sobre a pena..38

Capítulo 10 - A caracterização do Dolo Direto e do Dolo Eventual...................41

Capítulo 11 - Concurso de crimes..46

Capítulo 12 - Crime continuado ou continuidade delitiva (Art. 71 do CP)..........51

Capítulo 13 - Aspectos mais importantes do crime de homicídio....................57

Capítulo 14 - Crime de furto...60

Capítulo 15 - Crimes de roubo e extorsão..65

Capítulo 16 - Peculiaridades do crime de Sequestro Relâmpago....................73

Capítulo 17 - O crime de roubo praticado dentro do ônibus – o que diz o direito penal?..77

Capítulo 18 - O estupro marital na atualidade é possível?................................80

Capítulo 19 - O Direito Penal e os diversos crimes de falsificações.................84

Capítulo 20 - Supressão de documentos - Artigo 305 do CP......................100

Capítulo 21 - Falsa identidade - Artigo 307 do CP................................103

Capítulo 22 - Uso de identidade alheia - Artigo 308 do CP........................105

Capítulo 23 - Fraude de Lei sobre estrangeiro - Artigo 309 do CP...................107

Capítulo 24 - Falsidade em prejuízo da nacionalização de sociedade - Artigo 310 do CP..109

Capítulo 25 - Adulteração de sinal identificador de veículo automotor - Artigo 311 do CP..111
Capítulo 26 - Dos Crimes Contra a Administração Pública – Peculato.............113
Capítulo 27 - Inserção de dados falsos em sistema de informações...............119
Capítulo 28 - Modificação ou alteração não autorizada de sistema de informações...121
Capítulo 29 - Extravio, sonegação ou inutilização de livro ou documento......123
Capítulo 30 - Emprego irregular de verbas ou rendas públicas......................126
Capítulo 31 – Concussão..129
Capítulo 32 - Corrupção passiva..134
Capítulo 33 - Facilitação de contrabando ou descaminho...............................139
Capítulo 34 - Da Prevaricação no Direito Penal...141
Capítulo 35 - Condescendência criminosa..144
Capítulo 36 - Da Advocacia Administrativa e o Direito Penal..........................146

PREFÁCIO

Depois de dedicar meses de estudos sobre o Direito Penal, resolvi escrever este livro com a finalidade de apresentar alguns aspectos, que achei mais importantes, acerca do Direito Penal prático e moderno.

Trago nesta obra uma breve introdução sobre a parte geral do Direito Penal, bem como um resumo prático sobre alguns crimes tipificados na parte especial do Código Penal pátrio.

Com certeza, as temáticas discorridas no corpo deste livro irão dá um suporte importantíssimo na área do direito material aos operadores do direito, alicerçando, de alguma forma, seus conhecimentos jurídicos na prática forense e na atividade jurídica.

O conhecimento teórico, associado à prática forense, é á melhor forma de o bacharel exercer seu *mister* com presteza, qualidade e ética profissional.

O direito se atualiza constantemente, por isso é dever de todos os profissionais dessa área, manter-se atualizado, para não ser vítima da estagnação jurídica, vislumbrada em uma grande parte dos operadores do direito que insiste em permanecer apenas com o conhecimento adquirido na época da faculdade.

Assim sendo, espero que esta obra possa atender a expectativa de todos e que contribua para a prática advocatícia nos tribunais, melhorando a tua relação com o Judiciário e com o cliente, que é o destinatário final. Boa leitura!

Eudes Borges, abril de 2021.

Capítulo 01

Entendendo a norma jurídica
Existência, validade, vigência e aplicação da Norma Jurídica

A maioria das pessoas não sabe como funcionam as regras de validade e de incidência das normas jurídicas existentes no nosso ordenamento jurídico e que interferem diretamente na vida do cidadão. Baseado nisso, irei explicar, de forma sucinta, como se dá esse fenômeno no mundo real.

EXISTÊNCIA

Uma norma jurídica para existir tem que necessariamente ser elaborada e aprovada pelos órgãos competentes (Poder Legislativo), para em seguida ser sancionada pelo Poder Executivo. Quando ela obedece a esse procedimento, que chamamos de formais e materiais, ela consequentemente EXISTE TECNICAMENTE, pois obedeceu ao procedimento legal de elaboração e aprovação (sanção).

VALIDADE

Depois de existir, é necessário saber se essa norma possui validade, ou seja, se preenche os pré-requisitos de aplicabilidade que o legislador previu quando a elaborou. Toda norma quando entra no ordenamento jurídico, entra com a validade presumida, ou seja, de logo, presume-se que a norma preenche os pré-requisitos de validade.

Quais são os pré-requisitos de validades de uma norma? São eles:

a) Toda norma para ser válida, a hipótese prevista no antecedente da endonorma tem que ser de fato lícito, possível e determinável;

b) Tem que obedecer aos procedimentos previstos no Artigo 59/69 da Constituição da República.

c) Toda norma tem que ser genérica e deve abranger a todos os cidadãos (no espaço e no tempo).

d) Toda norma tem que conter os mecanismos de aplicabilidade e tem que ser eficiente, com sua eficácia técnica (efeitos de incidência).

VIGÊNCIA

Depois de passar por esses dois procedimentos citados, ou seja, depois de existir e ser válida, agora a norma precisa entrar no ordenamento jurídico para ser utilizada e provocar seus efeitos de existência/incidência. É justamente aí que aparece a vigência.

A vigência nada mais é, do que a condição que a norma adquire de ser incidida. Toda norma tem que ser publicada no Diário Oficial. Quando ela é sancionada e publicada, ela existe no ordenamento jurídico.

A vigência é isso, é a capacidade que norma tem de incidir sobre um determinado fato jurídico.

APLICABILIDADE

A aplicabilidade é a última fase do nosso capítulo. Veja bem: Conforme já vimos, a norma existe, possui validade, está em vigor, agora precisa ser aplicada.

Aplicar a norma é dar prosseguimento ao processo de positivação do direito. É aí que entra a ação humana, pois quando ela incidir sobre um determinado fato precisará de alguém que a aplique, no caso o Juiz ou a parte legitimada.

É o magistrado ou a parte legitimada que vai aplicar a norma ao caso concreto previsto na endonorma e perinorma **(Se f deve ser op, se não op, deve ser OS)**. Veja que existe uma diferença entre incidência e aplicabilidade.

A incidência é automática, ou seja, ela acontece automaticamente, quando ocorre um determinado fato jurídico no mundo ser, que por sua vez está previsto em uma determinada norma jurídica tributária (hipótese prevista na endonorma). Ex: tem uma norma que diz que se alguém matar deve ser punido com uma sanção.

Então quando alguém praticar o ato de matar, automaticamente essa norma incidirá sobre ele. Ninguém vê a norma incidindo, mais ela incide. Para ser aplicada, é necessária a ação humana. Alguém vai ter que fazer concluir esse processo de incidência, emitindo uma sentença sobre o autor do verbo matar. A aplicação é isso, é a conclusão do processo de positivação do direito.

Onde: Incidência= NJ (norma jurídica) = FJ (fato gerador) = efeitos do fato da incidência SF

Onde: Aplicabilidade = Aplicação dessa incidência, desse fato jurídico, sobre a vida de alguém, de forma que surjam os efeitos reais previstos na norma.

Capítulo 02

Resumo sobre a teoria do crime

A teoria do crime na verdade é o alicerce do Direito Penal. Para definir se um fato é criminoso ou não, existe uma a teoria maior do direito penal denominada teoria tripartite, dentro da corrente que me filio e a qual o direito brasileiro também adotou, que diz que o crime é um fato típico, jurídico e culpável.

Durante o curso do devido processo legal, o julgador vai verificar esse fato é típico, ilícito e culpável. Se for, pode-se dizer que ele é um fato criminoso e, por conseguinte, existe o crime.

Fato típico é o fato material no qual se identifica a efetivação de uma conduta prevista no tipo penal, que afeta ou ameaça de forma relevante bens penalmente tutelados. Possui os seguintes elementos: a) conduta (dolosa ou culposa, omissiva ou comissiva); b) resultado jurídico/normativo; c) nexo de causalidade (entre a conduta e o resultado); d) tipicidade (formal e conglobante).

Para saber se o fato é ilícito, deve-se verificar se está presente alguma das excludentes de ilicitude: a) estado de necessidade; b) legítima defesa; c) estrito cumprimento de dever legal; d) exercício regular de direito; e) livre e eficaz consentimento do ofendido. Se estiver, o fato não é ilícito. Se for lícito, inútil se continuar com a análise, pois isso já leva à conclusão sobre a inexistência de crime.

O terceiro passo a se verificar é se o fato é culpável, pelo que se deve averiguar a presença dos elementos essenciais da culpabilidade, quais sejam: a) imputabilidade; b) potencial consciência sobre a ilicitude do fato; c) exigibilidade de conduta diversa. Em resumo, essa é a definição da teoria do crime.

Capítulo 03

Legítima defesa putativa e real

Legítima defesa é uma excludente de ilicitude, prevista no art. 25, do Código Penal, ou seja, age em legítima defesa, o sujeito que, usando "moderadamente" dos meios necessários, repele "injusta" agressão, atual, ou iminente, a si mesmo, ou a terceiro.

Por exemplo: Se uma pessoa empunhando uma faca, vai em direção a outra,e essa para repelir a agressão saca um revolver e atira,matando o agressor, não comete crime, por estar acobertada pela legitima defesa, mas veja a agressão 'tem' que ser injusta, se houver provocação por parte do agredido, não haverá legítima defesa.

Agora, a legítima defesa putativa, é aquela imaginada, ou seja, o agente apenas "supõe", por erro que está sendo agredido, e repele a suposta agressão.

Por exemplo: Um sujeito, andando por uma rua mal iluminada a noite, vê vindo em sua direção um desafeto seu que segura em sua mão algo, ele supondo estar na iminência de ser agredido, saca seu revolver e atira contra seu desafeto matando-o, verifica-se,mais tarde que o que o seu desafeto tinha na mão era um aparelho celular.

Ficando provado isso, não haverá legitima defesa real, e sim legítima defesa putativa por não ter ocorrido à agressão que a justificaria. Quanto às atenuantes, são todas as circunstâncias do crime que servem para atenuar, diminuir, ou isentar de pena, como por exemplo, a menor idade, ou o agente cometer o crime sob coação a qual não pode resistir, ou o agente confessar espontaneamente o crime, eu disse espontaneamente.

Capítulo 04

Resumo sobre o concurso de pessoas no Direito Penal

Normalmente os tipos da Parte Especial do Código Penal referem-se a fatos realizáveis por uma única pessoa, mas podem trazer condutas que necessitam da participação de várias pessoas para configurarem o crime.

1 - concurso necessário e eventual

Os crimes podem ser monosubjetivos ou plurisubjetivos. Nestes últimos, a pluralidade de sujeitos é da própria essência do tipo penal. Daí falar-se em crime de concurso necessário. Os primeiros, do contrário, podem ser cometidos por uma só pessoa. Eventualmente, podem ser praticados por mais de um sujeito. Daí falar-se em concurso eventual.

1.1 - Concurso necessário: o concurso de pessoas é descrito pelo preceito primário da norma penal incriminadora. Assim, não se aplica aos casos do artigo 29 do CP, ficando estes para o concurso eventual.

1.2 - Concurso eventual: não faz parte do tipo à quantidade de pessoas, podendo ser praticado por apenas um agente.

2- Autoria e Participação

Conceito de autoria: em princípio é o sujeito quem executa a conduta expressa pelo verbo típico da figura delitiva. É quem mata, subtrai etc.

Conceito de participação: Dá-se a participação propriamente dita quando o sujeito, não praticando atos executórios do crime concorre de qualquer modo para a sua realização (induzindo, instigando, etc).

No domínio do fato, é quem efetiva um comportamento que não se adapta ao verbo do tipo e não tem poder de decisão sobre a execução ou consumação do crime (CP art. 29).

Há três teorias a respeito de Autoria:

1 - restritiva de autor: é quem realiza a conduta típica. É quem pratica o verbo do tipo (matar, subtrair etc). Diferenciam-se partícipes de autores (art. 29 CP).

2 - Extensiva de autor: fundamenta-se no resultado: é autor quem dá causa ao evento (teoria da equivalência das condições – todas as participações são de iguais valores);

3 - Domínio final do fato: é autor quem tem o controle final do fato. Não exclui a restritiva, mas complementa-a. Explica as questões de autoria mediata, intelectual etc.

É uma teoria que se assenta em princípios relacionados à conduta e não ao resultado (equivalência das condições). Agindo no exercício desse controle, distingue-se do partícipe, que não tem o domínio do fato, apenas cooperando, induzindo, incitando.

Não exclui da teoria restritiva, complementa-a. É uma teoria objetivo-subjetivo (objetivo: prática de uma conduta relevante – Subjetivo: vontade de manter o controle da situação até a eclosão do resultado)

OBS: O nosso código adotou a teoria restritiva, uma vez que os artigos 29 e 62 IV fazem distinção entre autor e partícipe.

Relação com a teoria da causalidade

(Partícipe: tipicidade indireta) - adequação típica de subordinação mediata (ampliada ou por extensão) e imediata;

Imediata: a uma relação material objetiva entre a conduta e o resultado. Ex. matar alguém;

Mediata: a relação é de ordem normativa – instigar a matar alguém - art. 29 do CP – de qualquer modo.

Formas de autoria e de concurso de pessoas em face da teoria do domínio do fato: Co-autoria e participação.

a) **autoria propriamente dita:** realiza materialmente a conduta (executor material individual – age sozinho, não havendo indutor, instigador – tem o domínio final da conduta).

b) **autoria intelectual:** é quem planeja a ação delituosa – é o chefe da quadrilha, que sem por a mão na massa (efetuar o comportamento típico) planeja e decide a ação delituosa (agravante - art. 62, I).

c) **autoria mediata:** é o "sujeito de traz". Serve-se de outrem para praticar o fato (servindo de instrumento). Todo o processo de realização da figura típica, deve apresentar-se como obra da vontade reitora do "homem de traz", o qual deve ter absoluto controle sobre o executor do fato.

d) **Co-autoria** Todos são autores. Um é co-autor do outro. É a prática comunitária do crime. Enquanto um realiza o verbo do tipo (subtrair) o outro fica de atalaia. Há uma divisão de tarefas para que se consiga realizar o crime.

Cada um dos integrantes possui o domínio da realização do fato conjuntamente com o outro ou outros autores, com os quais tem plano comum de distribuição de atividades. Nenhum deles é simples instrumento dos outros.

<u>A co-autoria pode ser:</u>
Direta: todos praticam o núcleo do tipo (lesões) Ex. todos agridem a vítima;

Parcial ou funcional: há divisão de tarefas; Neste, a ausência de um frustra o delito - domínio funcional do fato; Ex. roubo. São divididas as ações de apoderamento do dinheiro, constrangimento das vítimas mediante ameaça, vigilância e direção do veículo.

Teorias sobre o concurso de pessoas

Unitária: todos cometem o mesmo crime (há unidade de crimes e pluralidade de agentes). Essa teoria não faz qualquer distinção entre autor e partícipe. Embora o crime seja praticado por diversas pessoas, permanece único e indivisível.

O crime é resultado de cada um e de todos, indistintamente. O fundamento maior dessa teoria é político-criminal, que prefere punir igualmente a todos os participantes de uma mesma infração penal. (Bitencourt). Adotada come regra pelo código penal "**...determinando que todos os participantes de uma infração penal incidem na sanções de um único e mesmo crime**". É uma teoria objetiva.

Dualista: há um delito entre autoria e outro entre o partícipe; adotada como exceção a regra nos parágrafos do art. 29 do CP.

Pluralística: pluralidade de pessoas e de crimes (teoria subjetiva).
Segundo esta teoria, a cada participante corresponde a uma conduta própria, um elemento psicológico próprio e um resultado igualmente particular. (Bitencourt).

Participação:
A lei penal não quer unicamente que o homem não mate, não furte, mas também que não pratique fatos tendentes a matar, a furtar, atos diversos de matar ou furtar, mas que encontram no círculo de ações que a ordem jurídica proíbe.

Conceito - artigo 29 CP. É quem efetiva um comportamento que não se adapta ao verbo do tipo e não tem poder de decisão sobre a execução ou consumação do crime;

Características:
a) a conduta não se amolda ao núcleo da figura típica;
b) o partícipe não tem nenhum poder diretivo sobre o crime;
Ex. instigar, auxiliar etc.

Espécies de participação:
Embora o CP brasileiro não tenha estabelecido as espécies de participação, nem a sua forma de realização, exemplifica, contudo no art. 31, a modalidades que esta pode apresentar.

a) moral:
- **instigação:** quando já existe a vontade e o partícipe atua sobre esta vontade. A instigação deve dirigir-se a um fato determinado, assim como a um autor ou autores determinados.

- **Induzimento (determinação):** suscitar uma idéia. Fazer surgir a vontade;
b) material: (cumplicidade) O partícipe exterioriza sua contribuição através de um comportamento, de um auxílio. Emprestar a arma.

Requisitos do concurso de pessoas;
a) pluralidade de condutas (dos partícipes e dos autores)
b) liame subjetivo;
c) identidade de infração para todos os participantes;

Liame subjetivo: (vontade de contribuir para o crime)
- Não é suficiente a conduta, é necessário o elemento subjetivo, pelo qual cada concorrente tem consciência de contribuir para a realização da obra comum. Somente em relação ao partícipe é necessário o elemento subjetivo da participação. Ex. do empregado que deixa a porta aberta para o ladrão entrar.
- Não é necessário acordo de vontades, basta que um adira a outra;
- Homogeneidade de elemento subjetivo-normativo;

- Não há participação dolosa em crime culposo (dois crimes).
- Não há participação culposa em crime doloso

Punibilidade:
- Participação de menor importância: art. 29 § 1º, apenas para o partícipe (quanto mais a conduta se aproxima do núcleo do tipo maior deve ser a pena- Ex. pessoa que dá informação de onde tem o dinheiro e a pessoa que armado rouba). Não se trata de uma exceção à teoria unitária, mas uma causa de diminuição de pena.

Cooperação dolosamente distinta: art. 29, § 2º ("A" determina "B" que dê uma surra em "C" e B vem a matá-lo. "A" só responde por lesões corporais e "B" por homicídio); Era previsível - a pena será aumentada até a metade

Participação mediante omissão.

Damásio entende que não há necessidade da teoria do domínio do fato nos crimes omissivos, bastando para ser autor ter o critério da infringência do dever de agir. Entende não existir a co-autoria, uma vez que os omitentes possuem a qualificação jurídica exigida pelo tipo, citando ex.: se dois médicos, ainda que combinados, resolvem silenciar a respeito da presença de uma doença de notificação compulsória, cometem dois crimes, havendo dois autores diretos, mas não co-autoria.

Na concepção de Damásio, nos crimes omissivos, não haveria necessidade de divisão de tarefas, pois cada um tem diretamente o dever de agir: nos delitos próprios, não se pode dizer que a omissão de um sujeito constitui parte do todo, que a conduta comissiva de um completa a do outro, que há divisão de tarefas etc. (fls 435).

BITENCOURT, contrariamente a Damásio, entende que nos crimes omissivos, quando o sujeito é obrigado a agir, pode existir a co-autoria, desde que haja a anuência à omissão de outrem.

Capítulo 05

Conheça algumas peculiaridades do Direito Penal

a) Qual o elemento fundamental para que haja o concurso de pessoas para o crime?

O elemento fundamental é a pluralidade de agentes. No concurso de pessoas para o crime, existe unidade de crime e pluralidade dos partícipes. Mesmo assim, de uma forma mais ampla, é possível extrair pelo menos quatro elementos básicos do conceito de concurso de pessoas, quais sejam:

a) pluralidade de agentes e de condutas;
b) relevância causal de cada conduta;
c) liame subjetivo ou normativo entre as pessoas;
d) identidade de infração penal.

b) A lei penal é ou não sempre retroativa?

Não. A lei penal só pode retroagir, quando for para beneficiar o réu, nos termos do Artigo 5º, Inciso XL da Constituição da República Federativa do Brasil, assim como o Artigo 2º, Parágrafo Único do Código Penal pátrio.

c) As circunstâncias sempre influem na quantidade da pena?

Não. Sem ela o crime pode existir, exceto quando se tratar de circunstância elementar, pois sem ela o crime não existe. Ex: crime de peculato, que só pode ser cometido se o agente for funcionário público; Infanticídio, que só pode ser cometido pela mãe, em estado puerperal.

d) O Diplomata tem imunidade absoluta?

Sim, nos termos da Convenção de Viena, que foi devidamente ratificada pela Constituição da República. No âmbito da missão diplomática, tanto os membros do quadro diplomático da carreira (do embaixador ao 3º secretário), como os membros do quadro administrativo e técnico (administradores, tradutores, contabilistas, etc), desde que oriundos do Estado acreditante e não recrutado in loco - gozam de ampla imunidade de jurisdição penal, civil e tributária.

e) Por exceção, pode haver tentativa de crime culposo?

Não. Se houver tentativa, logicamente haverá o dolo. Pois a vontade do agente estará voltada para a conduta ilícita. No crime culposo não há intenção, por conseguinte, não poderá haver tentativa.

f) Havendo casualidade haverá culpabilidade?

Geralmente sim, pois a casualidade é pressuposto da culpabilidade. Em todo o crime alguém é o causador/autor do fato, para em seguida ser culpável ou punível. Mas há exceções, por exemplo: quando o doente mental comete crime.

Nesse caso há um causador/autor, mas o mesmo torna-se inimputável, nos termos do artigo 28, § 1º do CPB. Outro exemplo é o da legítima defesa, estado de necessidade, etc.

g) Com a morte da vítima, sempre existe um crime contra a vida?

Não. De acordo com o CPB só existem quatro tipos de crimes contra a vida: homicídio, infanticídio, aborto e induzimento ou instigação ao suicídio. Deve-se observar se realmente o agente teve a intenção (vontade) de cometer o crime contra a vida, se não teve, estaremos diante de uma morte por uma causa superveniente.

Por isso, em muitas das vezes a morte da vítima não significa dizer que houve um crime contra a vida/ homicídio. Exemplo: Latrocínio, estupro seguido de morte. Nesses casos, a intenção do agente não era de matar (animus necandi), mas sim de roubar, estuprar. A morte foi uma consequência do primeiro crime. A pena deve ser agravada.

h) A extradição é sempre admitida pelo Brasil?

Não. De acordo com a Constituição Brasileira, não será concedida extradição de estrangeiro por crime político ou de opinião. Da mesma forma, a Lex Matter não admite a extradição se a pena imposta ao infrator for expressamente interdita por norma constitucional, como é o caso da prisão perpétua.

i) Justificativa e dirimente penal tem os mesmos conceitos?

Não. As justificativas penais são as causas de exclusão da antijuridicidade, que ora são legais, porque estão previstas expressamente na lei penal (estado de necessidade - arts. 23, I, e 24, do CP; legítima defesa - arts. 23, II, e 25, do CP; estrito cumprimento de dever legal - art. 23, III, 1ª parte, do CP; e exercício regular de direito - art. 23, III, in fine, do CP).

Assim sendo, a justificativa elimina o segundo elemento do crime, que é a antijuricidade, pois é conforme o direito, ou seja, o fato é lícito. Já dirimente é a circunstância que retira a eficácia de um ato jurídico, ou seja, excludente subjetiva da criminalidade. Impede a configuração da culpabilidade, em virtude de o agente não praticar a ação em circunstâncias reprováveis.

Distinguem-se das justificativas porque estas excluem a antijuridicidade. No primeiro há a exclusão da ilicitude, no segundo, há a ilicitude, mas há inaplicabilidade da pena, por conta da inimputabilidade do agente, ou seja, elimina a culpabilidade, que é o terceiro elemento do crime, por exemplo, (doente mental que comete crime).

j) Em que sentido a omissão é considerada causa de resultado?

Quando o omitente não cumpriu com o dever legal ou jurídico, ou seja, não fez o que deveria fazer. Exemplo: o policial que soube que ia acontecer um delito e não fez nada para impedir. Um bombeiro que se omite em salvar uma vítima, etc. Ou seja, a sua função exigia uma conduta legal, mas ele se omitiu e não fez.

k) Distinção entre casualidade e culpabilidade:

Causalidade: autor material causador do resultado.

Culpabilidade: Culpável por dolo ou culpável pelo resultado do crime.

l) O que é circunstancia elementar de crime?

É o elemento essencial ao tipo penal do crime. Ex: um crime de peculato, que para cometê-lo, o agente tem que ser necessariamente funcionário público. O crime de infanticídio, que exige a autora a mãe em estado puerperal, etc. Sem essa circunstancia elementar, o tipo de crime não existe.

m) O que significa culpa consciente?

Ocorre quando o agente tem previsão do resultado, mas confia que não vai ocorrer, e mesmo assim prossegue com sua ação e acabar por cometer o crime.

Ele não tinha a intenção de obter o resultado final, mas tinha a consciência de que sua ação poderia causá-lo, mas por confiar nas suas habilidades, não tomou as previdências para parar.

Alguns autores a exemplo de Roque de Brito, não considera esse tipo de crime como sendo culpa consciente, pois segundo os mesmos, se há consciência, há a intenção e se há a intenção, há, por conseguinte, o dolo.

n) Qual a soma aplicável ao crime continuado?

Exasperação da pena, ou seja, aplica-se somente uma pena, que em seguida é aumentada de um sexto até dois terços, podendo ser aplicada até o triplo, nos termos do Artigo 71 e parágrafo único do Código Penal.

Capítulo 06
Inimputabilidade penal por anormalidade mental

O Artigo 26 do Código Penal e seu Parágrafo Único trazem a questão da dirimente penal e redução de pena, para o autor que cometeu um suposto delito.

Ora, o nosso Código Penal adotou a teoria tripartite, onde considera crime como sendo: Fato típico, Antijurídico e culpável.

Em sendo a culpabilidade o terceiro elemento do crime, uma vez que esta representa o aspecto subjetivo do ilícito, isto é, a vontade de delinquir ou o entendimento do indivíduo acerca da prática criminosa e a capacidade de determinar-se nesse sentido.

Sem o livre-arbítrio de agir criminosamente e sem a potencial consciência da ilicitude, o juízo de reprovação que deveria recair sobre o autor do fato delituoso, deixa de existir, é caso da inimputabilidade por anormalidade mental, descrita no Artigo 26 do *códex*.

Ora, por imputabilidade define-se como a capacidade do agente em entender o caráter ilícito do fato praticado e de determinar-se de acordo com isso. O autor de um crime, para ser considerado culpável, deve reunir condições físicas, psicológicas, morais e mentais que lhe confiram capacidade plena para entender o ilícito. Não basta, para isso, somente a consciência de sua ação, mas também a livre vontade de praticá-la, ou seja, o controle do agente sobre a sua própria vontade.

Essa capacidade está relacionada à existência de fatores biológicos (maioridade penal), psiquiátricos (sanidade mental), psicológicos (discernimento pleno e voluntariedade), ou seja, se o portador de doença mental que, ao tempo do crime, era inteiramente incapaz de entender a ilicitude do ato ou de determinar-se de acordo com ele, está isento de pena e deve ser submetido à medida de segurança, cuja finalidade é curativa e preventiva.

Assim, a potencial consciência da ilicitude, por sua vez, é o conhecimento inequívoco do agente criminoso acerca da tipicidade e ilicitude de sua conduta. Para tanto, é essencial que disponha de sanidade mental plena e discernimento, que possam auferir-lhe a possibilidade de saber que praticou algo errado ou injusto.

A verificação da inimputabilidade adotada pelo nosso código penal:

No ordenamento jurídico, a inimputabilidade não pode ser presumida. Tem de ser provada por meio de perícia e em condições de absoluta certeza. São três os sistemas de aferição da inimputabilidade: biológico, psicológico e misto ou biopsicológico.

O CP, em seu art. 26, adotou o sistema híbrido denominado de biopsicológico, quais sejam: fator Patológico, fator temporal, ou cronológico, e a relação causa e efeito, que combina os dois critérios anteriores.

Primeiramente, deve-se verificar se o agente, ao tempo da ação/omissão, era portador de doença ou desenvolvimento mental retardado ou incompleto. Caso negativo, não será inimputável.

Se, positivo, verifica-se se era completamente incapaz de compreender a ilicitude de sua conduta ou de determinar-se de acordo com ela.

Somente depois de averiguadas e constatadas ao menos uma dessas duas hipóteses, é que será atribuída a inimputabilidade ao indivíduo. A inimputabilidade, portanto, deve existir na ocasião do delito, pois a superveniência de enfermidade mental depois do cometimento do crime, não exclui a culpabilidade.

Ou seja, para ser inimputável, não basta a pré-existência de doença ou capacidade mental incompleta ou retardada. Exige-se, também, que, ao tempo da ação ou omissão, o agente, em razão da enfermidade, não tenha sido capaz de compreender o fato criminoso, ou, caso o fosse, não conseguiu controlar o impulso delitivo.

Assim sendo, a inimputabilidade, para ser reconhecida, exige, primeiramente, a existência do elemento biológico, de natureza patológica, que é a enfermidade mental. O segundo elemento é o cronológico/temporal, ou seja, o autor, no momento do crime, em razão da doença da qual é portador, precisa apresentar um estado de anormalidade psíquica que o torne incapaz de entender o sentido ético-jurídico de sua conduta ou, caso tenha esse entendimento, ter a doença e seu estado de perturbação psíquica eliminado a sua capacidade volitiva.

Em suma, é necessário que a anormalidade cause o vício de entendimento e de vontade.

O estudo dos transtornos mentais se faz necessário uma vez que, na prática, verifica-se que os operadores do Direito enfrentam dificuldades ao tratar do assunto, posto que, em sua maioria, são leigos e fazem confusão entre os conceitos de doença mental (de origem biopsicossocial), as anomalias advindas de retardo mental (origem biológica) e os desvios de personalidade (de origem psicossocial), o que acaba por prejudicar o réu e a correta aplicação da lei ao caso concreto.

De acordo com a Psiquiatria, são consideradas doenças mentais as chamadas psicoses. O psicótico costuma apresentar perda de contato com a realidade e sintomas produtivos, tais como delírios e alucinações. A grave alteração da consciência é capaz de provocar no indivíduo o efeito de estar sempre convicto da verdade, o que o impede de ver a realidade dos fatos.

A psicose pode ter origem orgânica (disfunções cerebrais) ou funcional (psicológica ou comportamental). São exemplos de psicose: a) esquizofrenia, b) transtorno bipolar de humor, c) paranóia. Também podem ser consideradas doenças mentais o alcoolismo e a toxicomania.

O desenvolvimento mental retardado ou incompleto

Ao lado da doença mental, entre as causas que excluem a imputabilidade do agente está o desenvolvimento mental retardado ou incompleto. São os casos em que a capacidade mental do indivíduo é incompatível com o estágio de vida em que se encontra, estando aquém do desenvolvimento normal para sua idade cronológica.

Em razão da baixa capacidade mental, fica impossibilitado de avaliar racionalmente as situações da vida e, por conseguinte, é inimputável por não possuir o pleno entendimento e discernimento acerca de seus atos. Cita-se como exemplo os oligofrênicos e os portadores da Síndrome de Down.

Em se tratando de personalidades psicopáticas, a grande polêmica diz respeito ao parágrafo único, do art. 26, da Lei Penal, que define esses indivíduos como semi-imputáveis.

Os perturbados mentais ou detentores de personalidades anormais ou desajustadas, não são, propriamente, portadores de doença mental. A Lei os considera semi-imputáveis pela capacidade de entendimento e posição fronteiriça com os enfermos mentais, o que constitui um grande equívoco, pois a realidade tem mostrado que os portadores de personalidades psicopáticas estão por trás da maioria dos crimes considerados bárbaros, com alto grau de violência e perversidade.

Embora sejam providos de inteligência e capacidade de entendimento, são incapazes de controlar seus impulsos e de autogovernar-se, sendo carentes de um dos principais elementos da imputabilidade que é a capacidade de se determinar (vício de vontade).

Segundo a maioria dos doutrinadores, são esses indivíduos que deveriam, na ordem penal, serem isentos de pena e submetidos a tratamento curativo nos hospitais de custódia, posto que suas anomalias raramente têm cura. São pessoas anti-sociais, com elevado grau de periculosidade.

Por isso, o citado parágrafo único do art. 26 do CP, ao colocar os indivíduos sociopatas na condição de responsáveis relativos, preconiza que fazem jus a uma atenuação sensível da pena. A situação é digna de insegurança jurídica.

É importante registrar, que a Lei Adjetiva determinou que a verificação da saúde mental do agente, deve, obrigatoriamente, ser diagnosticada por perícia médica.

Atualmente, embora ainda vigore o princípio da não hierarquia entre as provas penais, o juiz, para acatar ou rejeitar um laudo que ateste a inimputabilidade do acusado, mas é obrigado a fundamentar sua decisão de forma precisa e coerente. O poder que a lei lhe confere de não ficar adstrito ao laudo pericial, não quer dizer que possa assumir as funções de *expert*. O juiz não pode ignorar a perícia sem embasamento científico.

Todavia, caso o magistrado entenda que o laudo pericial é falho, genérico ou incompleto, pode requisitar a retificação. Destarte, não lhe é permitido afastar o laudo como se esse não existisse, nem proferir opiniões pessoais que se sobreponham ao conhecimento científico e irrefutável dos peritos.

Da medida de segurança
A medida de segurança é aplicável aos inimputáveis e excepcionalmente ao semi-imputáveis. Visam somente à prevenção especial, por meio do tratamento curativo do agente, com vistas à recuperação da sua saúde mental.

Possui prazo de duração determinado no mínimo, qual seja de três anos, e absolutamente indeterminado no máximo, cessando somente com o desaparecimento da periculosidade do agente, que deverá ser periodicamente verificada por exame médico, nos termos dos Artigos 96 e 97 do Código Penal.

Capítulo 07

O erro no Direito Penal

Após discorrermos acerca da inimputabilidade penal, por anormalidade mental, agora, cabe-nos adentrar na temática sobre o erro no Direito Penal. Antes, porém, é necessário fazermos uma distinção entre ignorância e erro, para assim, adentrarmos na temática deste capítulo.

O ERRO é a falsa representação da realidade; é a crença de ser A, sendo B; é o equivocado conhecimento de um elemento, ou seja, é um vício de consentimento; enquanto que a IGNORÂNCIA é um acontecimento humano de estado negativo. A ignorância difere do erro por ser a falta de representação da realidade; o total desconhecimento, isto é, a ausência do saber de determinado objeto.

Sendo assim, o erro e a ignorância, para o Código Penal brasileiro, quase sempre se equivalem. Portanto, quando se refere a erro, nosso código normativo, também se refere à ignorância.

Pois bem. Dito isto, podemos afirmar, que existem dois tipos de erro em nossa esfera penal: erro de tipo e erro de proibição é o que iremos debater a partir de então.

Erro de tipo
O Erro de Tipo está previsto no Artigo 20 do Código Penal. É o erro que incide sobre os pressupostos de fato de uma causa de justificação ou sobre dados secundários da norma penal incriminadora, em outras palavras, é aquele que incide sobre as elementares ou sobre as circunstâncias da figura típica da norma penal incriminadora. Como nos ensina o doutrinador Damásio Evangelista de Jesus: "É o

que faz o sujeito supor a ausência de elemento ou circunstância da figura típica incriminadora ou a presença de requisitos da norma permissiva."

Sendo assim, o "erro de tipo" ocorre na ausência de consciência do ato praticado, ou seja, o agente desconhece a ilicitude do fato, porém, acaba por praticá-lo.

O Erro de tipo por sua vez, subdivide-se em duas esferas, quais sejam: Erro de tipo essencial e Erro de tipo acidental.

Já o erro de tipo essencial, por sua vez, subdivide-se em: a) erro escusável ou invencível; erro inescusável ou vencível.

O erro de tipo acidental subdivide-se em: erro sobre o objeto – error in objecto, erro sobre a pessoa – error in persona, erro sobre a execução – aberratio ictus e resultado diferente do pretendido – aberratio criminis.

No erro de tipo essencial, estando o agente sem condições de compreender a ilicitude do fato, o erro de tipo essencial traz benefício ao réu. Vamos aos tipos.

Escusável

Também chamado Inevitável ou Invencível. Está previsto no CP - art. 20, caput, 1ª parte e § 1º, 1ª parte. É o erro desculpável, isto é, aquele cujas circunstâncias fazem presumir boa fé do agente, justificando a prática do ato, que não se torna suspeito ou nulo.

Presume-se o erro escusável quando qualquer outra pessoa, nas mesmas circunstâncias, praticasse a mesma ação que o agente. Exclui por completo o dolo e a culpa, afastando, assim, a responsabilidade penal quando era a conduta inevitável.

Inescusável

Também chamado Evitável ou Vencível. Está previsto no CP – art. 20, caput, 2ª parte e § 1º, 2ª parte.

Ocorre quando o agente age de forma descuidada. Exclui o dolo, mas, não afasta a culpa, respondendo o agente por crime culposo, quando previsto em lei. Assim, o erro essencial se enquadra, basicamente em três situações:

1) Quando o agente comete um delito à um bem penalmente tutelado com a total consciência real e inequívoca de todos os elementos que constituirá o tipo incriminador, não há nenhum erro, sendo assim, responsabilizado o agente pela infração cometida.

2) Quando o agente comete uma infração legal sem a consciência dos elementos que constituem o tipo incriminador e em casos de condutas que impossibilitam a conscientização, nascer o erro de tipo essencial inevitável. Neste, exclui-se o dolo e a culpa, consequentemente inexiste o fato típico, excluindo a responsabilidade do agente.

3) Outra situação é quando o agente não tem consciência dos elementos constitutivos do tipo penal incriminador, mas, é possível chegar a esta consciência na decorrência das circunstâncias em que praticou a conduta.

Neste caso surge o erro de tipo essencial evitável. Neste, exclui-se o dolo, porém, permite a continuação existencial da culpa, permitindo a imputação do agente à um crime culposo, deste que esteja previsto em lei.

Portanto, não importando a inevitabilidade ou a evitabilidade do erro de tipo essencial, consequente será deste o afastamento do dolo.

Erro de tipo acidental

Conceitualmente, o erro de tipo acidental é aquele que vicia a vontade, mas não a exclui. É o erro que incide sobre os dados acidentais do delito ou sobre a conduta de sua execução. O erro de tipo incriminador acidental não exclui o dolo e, portanto, o agente responderá pelo crime. Especificamente nas suas subcategorias acontece:

Erro sobre o objeto (error in objecto)

É quando a conduta do agente recai sobre objeto (material), diverso do que gostaria de atingir. É o caso de quem rouba bijuteria acreditando ser jóia ou, simplesmente, quem rouba açúcar acreditando ser farinha. O sujeito quer cometer, por exemplo, o furto, porém, se equivoca no objeto roubado.

Nos casos descritos anteriormente, à luz do erro de tipo acidental sobre o objeto, não há o maximus da beneficência do réu, pois, de qualquer forma o agente praticou ato ilícito e responderá, assim, normalmente pelo crime descrito no art. 155, caput, CP.

Erro sobre a pessoa

Está previsto no Art. 20, § 3º, CP. o agente pretendendo atingir uma pessoa se equivoca e atinge outra e tem todas as características explanadas no art. 20, §3º do CP que dita: "O erro quanto à pessoa contra qual o crime é praticado não isenta pena.

Não se consideram, neste caso, as condições ou qualidades da vítima, senão as da pessoa contra quem o agente queria praticar o crime. O réu responde normalmente pelo crime. Exemplo: O alguém quer matar A e enganado mata B.

Erro sobre a execução (aberratio ictus)

A aberratio ictus caracteriza-se na existência da aberração no ataque ou no desvio de golpe. Dá-se quando a ação ou omissão, pressupondo a intenção criminosa, não recai sobre o objeto desejado, ou recai de modo não adequado, além ou aquém da intenção, sempre sobre bem jurídico idêntico. Este erro acidental na execução recai sobre o erro sobre a pessoa.

Está previsto no Art. 73 do CP: Quando, por acidente ou erro no uso dos meios de execução, o agente, ao invés de atingir a pessoa que pretendia ofender, atinge pessoa diversa, responde como se tivesse praticado o crime contra aquela, atendendo-se ao disposto no § 3º do art. 20 deste Código. No caso de ser também atingida a pessoa que o agente pretendia ofender, aplicam-se a regra do art. 70 deste Código.

Não confundir com error in persona, no qual há um erro de representação, uma confusão mental. Exemplo: O agente dispara contra uma pessoa, erra e certa outra pessoa. O agente, devido à má pontaria, levou esta outra pessoa a óbito. Houve um erro acidental na execução devido à má pontaria do delinquente.

Resultado diferente do pretendido (aberratio criminis)

A *aberratio criminis ou delict* (resultado diverso do pretendido – art. 74 CP) ocorre quando o agente pratica o ato ilícito, porém, por erro ou por acidente, atinge um resultado diferente do que pretendia, e sempre sobre bem jurídico diferente.

Esta situação faz com que o agente responda por culpa, desde que o fato esteja previsto como crime culposo. Exemplo: O agente que quer furtar o carro de A, porém não consegue vindo somente a danificar o veículo.

Erro determinado por terceiro

Este erro está previsto no Art. 20, § 2º, CP. Pode ser espontâneo ou provocado. O "provocado" pode ser por determinação dolosa ou culposa. A dolosa se dá quando o agente conscientemente induz outra pessoa a erro. Exemplo: Um sujeito B quer matar o sujeito C e, o sujeito B (no caso o terceiro) dá uma pistola para "A" fazendo este crer que a arma está descarregada. O sujeito A dispara contra C, subtraindo-lhe a vida.

O sujeito que entregou a arma, isto é, o sujeito B responderá por crime doloso, enquanto o sujeito provocado, isto é, o sujeito A, em face de seu erro, salvo se agiu com culpa, não responde pelo crime.

Erro de proibição

Normatizado no direito penal brasileiro pelo Art. 21 do CP, o erro de proibição é erro do agente que acredita ser sua conduta admissível no direito, quando, na verdade ela é proibida. Sem discussão, o autor, aqui, sabe o que tipicamente faz, porém, desconhece sua ilegalidade.

Assim, o Erro de Proibição recai sobre a ilicitude do fato, ou seja, o agente está certo de que não prática nenhuma ação ou omissão ilícita, excluindo a culpabilidade. No erro de proibição, o agente atua de forma errada, mas de boa fé, sem dolo.

O nosso CP, na primeira parte do art. 21 foi fiel a regra de que o desconhecimento da lei não é escusável, ou seja, se o agente desconhece a lei que proíbe abstratamente aquele comportamento, essa ignorância não o exime de responsabilidade. Regra essa que guarda total compatibilidade com o art. 3º LICC, que reza: a ninguém é dado descumprir a lei alegando que não a conhece.

Até por que, se pudesse alegar o desconhecimento da lei, para alguém excusar-se da responsabilidade, não haveria possibilidade positiva de aplicação, tantas seriam as desculpas de desconhecimento.

O legislador determinou que o erro de proibição exclui a culpabilidade, por inexistência de potencial conhecimento de ilicitude.

É importante registrar, que o agente atua com vontade, ou seja, dolo, portanto o primeiro requisito do fato típico punível encontra-se superado. A solução da questão se dará na culpabilidade. Esta não há, uma vez que se pratica o fato por erro quanto a antijuridicidade de sua conduta.

Exemplo que vai distinguir o erro de tipo e o erro de proibição: se alguém guarda maconha em sua casa, pensando ou supondo que é uma planta inócua, uma substância terapêutica, para um chá, o caso é de erro de tipo, descrito no Artigo 20 do CPP, mas se ela guarda pensando que depositar ou guardar a droga não é proibido, ou seja, é permitido, estaremos diante de um suposto erro de proibição, nos termos do Artigo 21 do mesmo diploma legal.

Capítulo 08

O problema da embriaguez

Destarte, embora não seja a única causa do problema da criminalidade, a embriaguez é uma relevante mola propulsora a impulsioná-la. E sendo o crime um elemento patogênico ao corpo social, o Estado, valendo-se das normas penais, não podia deixar de se preocupar com o problema da embriaguez e com as mudanças comportamentais dela decorrentes.

Eis o motivo pelo qual o direito, enquanto regulador das condutas humanas, e principalmente o direito penal, como tutelar dos valores mais importantes do convívio social, tratou logo de cuidar do fenômeno da embriaguez. E a legislação brasileira o fez em três aspectos:

a) Segundo o art. 28, inciso II, do Código Penal, a embriaguez, voluntária ou culposa, causada pelo álcool ou substância de efeitos análogos, não exclui a imputabilidade;

b) agravando a pena quando o crime for praticado em estado de embriaguez preordenada (art. 61, inciso II, alínea a, do Código Penal); e

c) tipificando condutas (v.g., art. 306, do Código de Trânsito Brasileiro e art. 62, da Lei das Contravenções Penais).

Destarte, pela legislação atual, a imputabilidade subsiste quando a pessoa ingere bebida alcoólica voluntariamente, tenha ou não o fito de embriagar-se, e não importando se a embriaguez subsequente seja completa ou incompleta.

Por outro lado, os parágrafos primeiro e segundo do precitado dispositivo, estabelecem que a embriaguez acidental pode isentar o agente de pena ou diminuí-la, conforme, respectivamente, seja completa ou incompleta.

A primeira hipótese, qual seja, de embriaguez completa decorrente de caso fortuito ou força maior, afasta a culpabilidade. Trata-se de caso de exclusão da imputabilidade e, portanto, da culpabilidade, fundado na impossibilidade de consciência e vontade do sujeito que pratica o crime em estado de embriaguez completa acidental.

No caso do art. 28, § 2º, a redução de pena é obrigatória. Consubstancia-se em direito subjetivo do condenado, e não discricionariedade do julgador. O verbo "poder" refere-se ao quantum da diminuição (um a dois terços).

Desse modo, salienta-se, que diferente, porém, é o tratamento penal da embriaguez patológica e do alcoolismo crônico: Quanto ao art. 28, deve ser efetuada uma interpretação necessariamente restrita, excluindo-se do âmbito do dispositivo a embriaguez patológica ou crônica.

Fala-se em embriaguez patológica como aquela à que estão predispostos os filhos de alcoólatras que, sob efeito de pequenas doses de álcool, podem ficar sujeitos a acessos furiosos.

Na embriaguez crônica, há normalmente um estado mental mórbido (demência alcoólica, psicose alcoólica, acessos de delirium tremens etc.), e o agente poderá ser inimputável ou ter a culpabilidade reduzida (art. 26).

Note-se, que no caso da embriaguez patológica, pequenas doses podem fazer com que a pessoa perca totalmente o controle de si. Já no alcoolismo crônico, os danos ao sistema nervoso são permanentes. Ele consiste numa deformação persistente do psiquismo, assimilável a verdadeira psicose, e como psicose, ou doença mental, deve ser juridicamente tratado.

A respeito do alcoolismo crônico, disserta Fragoso: O alcoolismo crônico constitui caso de doença mental, que exclui ou atenua a imputabilidade. O álcool gera dependência física, com graves consequências sobre o processo volitivo, e consequentemente, sobre a capacidade de autogoverno.

Esta solução não permite dúvidas. Nestes casos, no entanto, será extremamente mais difícil a já árdua tarefa de saber se o agente tinha capacidade de entender o caráter ilícito do fato ou de determinar-se segundo tal entendimento (FRAGOSO, 2003, p. 251).

Assim, as duas figuras (patológica e crônica), são equiparadas à doença mental, aplicando-se o disposto no art. 26 do Código Penal.

Capítulo 09

Generalidades sobre a pena

Atualmente o conceito de pena é: sanção aflitiva imposta pelo Estado, através do devido processo legal, ao autor de crime, como retribuição ao seu ato delituoso, para evitar novos delitos e visando a ressocialização do delinquente.

No Direito brasileiro, está estabelecido que a pena deverá ser estabelecida, conforme seja necessária e suficiente para a reprovação e prevenção do crime, nos termos do Artigo 59. (sendo baseada na culpabilidade do autor).

Teorias sobre a pena:

As teorias absolutistas (Escolas Clássicas): retributivas, influenciadas pelos clássicos e pelas idéias de Kant, Hegel e Carrara, entendiam que o fundamento da pena era a retribuição simplesmente, como uma exigência de justiça. A pena então tinha um fundamento ético, como confirmação do direito e resposta ao crime.

A pena seria a negação do crime, que seria, por sua vez, a negação do direito. Logo, a pena seria a confirmação do Direito (Hegel). Nesse caso, a pena seria imposta como forma de casto, ou seja, retribuição ao crime praticado pelo autor.

As teorias relativas (Escola positivista): utilitárias, inspiradas pelo positivismo, entendiam que a pena se fundamentava na necessidade de associação de crime e temor do castigo: a intimidação de se impor uma pena a quem cometesse uma infração seria uma forma de prevenção geral negativa, e se, apesar dela, alguém praticasse um delito, a pena aplicada se justificaria no fato de que a sociedade precisa se defender. Aqui a pena seria vista como um meio de defesa social, visando a prevenção do delito.

Pela prevenção geral negativa, a pena dirige-se não apenas ao criminoso, mas também a toda comunidade, com a finalidade de dissuadir os eventuais infratores de praticar novos delitos, por intermédio da intimidação.

A teoria eclética ou mista: Ainda é considerada como sendo retributiva, porém, aplicada como meio de prevenção e com a finalidade de ressocializar o criminoso. Ela é aplicada no intuito não de castigar o delinquente, mas com o fito de readaptação social do criminoso. É a teoria que prevalece atualmente.

Características da pena
1 - Legalidade da pena; Personalidade da pena; Proporcionalidade da pena; Inderrogabilidade (certeza de punição, a pena existe para ser aplicada e cumprida, executada, a impunidade não pode ser a norma geral); pessoalidade; individualização da pena; personalização da pena – inc. XLV; humanidade (vedação da pena de morte, penas cruéis, de caráter perpétuo ou de trabalhos forçados.

Ante o exposto, podemos concluir, que a pena ainda é um mal necessário para a repressão e prevenção do crime, assim como para a conservação da sociedade juridicamente organizada, com o intuito de proteger os bens jurídicos individuais e sociais, mas devendo ser aplicada com o intuito de ressocializar o deliquente.

É bem verdade, que na prática não ocorre isso, pois o nosso sistema penitenciário é desumano, degradante, falido, corrupto e corruptor, que não recupera ninguém, é, portanto, uma verdadeira escola de crime, tendo em vista a superpopulação carcerária, onde os condenados não são recolhidos conforme os seus tipos de crimes, além da falta de trabalho, gerando, assim uma ociosidade entre os apenados.

Desse modo, concluímos também, que impossibilitada está, a finalidade da pena da doutrina penal atual, qual seja a ressocialização do criminoso, pois é só fazermos uma visita em qualquer presídio nacional.

Capítulo 10

A caracterização do Dolo Direto e do Dolo Eventual

Dolo

De acordo com a teoria finalista da ação, a qual foi adotada no Brasil, dolo é elemento subjetivo do tipo. Ele integra a conduta, pelo que a ação e a omissão não constituem simples formas naturalísticas de comportamento, mas ações ou omissões dolosas. Constitui elemento subjetivo do tipo.

A teoria finalista da ação sustenta que o dolo é natural, correspondendo à simples vontade de concretizar os elementos objetivos do tipo, não portando a consciência da ilicitude. Não comportando ainda a consciência da antijuridicidade, que pertence à culpabilidade.

De acordo com Welzel, o dolo abrange o objetivo que o sujeito deseja alcançar, os meios que emprega para isso e as consequências secundárias que estão necessariamente vinculadas com o emprego dos meios.

Segundo essa teoria, o dolo deve abranger os elementos da figura típica. Assim, para que se possa dizer que o sujeito agiu dolosamente, é necessário que seu elemento subjetivo tenha-se estendido às elementares e às circunstâncias do delito praticado pelo agente.

O Código Penal Brasileiro adotou a teoria da vontade na primeira parte e a teoria do assentimento na segunda parte. Nesse sentido, o dolo tem sua forma de expressão variada de acordo com os elementos da figura típica.

Em face disso e por força do art. 18, I do CP, a doutrina apresenta várias espécies de dolo. A primeira parte trata do dolo Direto: "quando o agente quis o resultado"; a segunda parte trata do dolo indireto: "assumiu o risco de produzi-lo".

Assim sendo, depois de conceituarmos o dolo, passemos agora a discorrer acerca dos dois tipos de dolos apresentados pela doutrina, que é o alvo do nosso estudo.

Dolo direto

Conforme citamos acima, o nosso sistema penal adotou a teoria finalista da ação, e no Artigo 18 do Diploma Penal Substantivo, o legislador deixou claro que o dolo direto se dá quando o agente quer obter o resultado, ou seja, quando o ele visa certo e determinado resultado e o atinge.

Por exemplo: um assassino que mata alguém a facadas, projetando o resultado morte. Aqui ele quis matar e alcançou o resultado pretendido. Dolo direto.

No dolo direto, a culpabilidade e a imputabilidade constituem o objeto do crime, ou seja, dolo é vontade, mas vontade livre e consciente de praticar certa antijuridicidade, nos termos do exemplo acima.

Diante disso, podemos afirmar que dois são os elementos do dolo: A consciência há de abranger a ação ou a omissão do agente, tal qual é caracterizada pela lei, devendo igualmente compreender o resultado, e, portanto, o nexo causal entre este e a atividade desenvolvida pelo sujeito ativo.

Age, pois, dolosamente, quem pratica a ação (em sentido amplo) consciente de voluntariamente. Age dolosamente quem atua com conhecimento ou ciência de agir no sentido do ilícito ou antijurídico ou com conhecimento da antijuridicidade do fato.

Eis a questão: No dolo direito não há dúvida acerca da vontade do agente. Ele quis obter o resultado e utilizou dos meios para obter o fim pretendido. Por isso, fácil é sua compreensão e a aplicabilidade penal.

Dolo indireto ou eventual

Já o dolo indireto ou eventual, como é denominado, ocorre quando o sujeito assume o risco de produzir o resultado, isto é, admite e aceita o risco de produzi-lo.

Nesse caso, ele antevê o resultado e age, mas essa possibilidade de ocorrência do resultado não é detida e ele pratica a conduta consentindo com o resultado. Aqui, o autor tem consciência da realização do tipo penal se praticar a conduta, mas mesmo assim se conforma com isso. Ele não quer o resultado, mas age.

Assim, diferente do dolo direto, só ocorre o dolo eventual, quando o sujeito ativo prevê o resultado e embora não seja esta a razão de sua conduta, aceita-o e corre o risco, vindo praticar a antijuridicidade do tipo.

O dolo eventual pode coexistir com a forma pela qual o crime é executado. Assim, nada impede que o agente, embora prevendo resultado morte o aceite e pratique o ato, usando de meio que surpreenda a vítima, o dificultando ou impossibilitando a defesa da mesma.

Nessa esteira, o Ilustre Professor Damásio de Jesus nos dá um exemplo que deixa bastante evidenciado o surgimento do caso in concreto, do dolo direto: " Ex: o agente pretende atirar na vítima, que se encontra conversando com outra pessoa. Percebe que, atirando na vítima, pode também atingir a outra pessoa. Não obstante essa possibilidade, prevendo que pode matar o terceiro é-lhe indiferente que este é o último resultado se produza.

 Ele tolera a morte do terceiro. Para ele, tanto faz que o terceiro seja atingido ou não, embora não queira o evento. Atirando na vítima e matando também o terceiro, responde por dois crimes de homicídio: o primeiro, a título de dolo direto; o segundo, a título de dolo eventual.

Segundo o conceituado professor Damásio de Jesus, é de suma importância, para se caracterizar se houve o dolo eventual, verificar se o agente quis assumir o risco do evento, se entre a previsão do próprio evento e a sua aceitação por parte do agente subsistia ou não uma relação de contradição.

Se o agente atua numa situação de indiferença em relação à produção do evento, assumindo o risco, está caracterizada a existência do dolo eventual.

A grande polêmica trazida pelo dolo eventual

Diante do que explanamos acima, ou seja, após conceituarmos o dolo direto e o dolo eventual, temos visto, no dia-a-dia, uma grande problemática interpretativa, apresentada atualmente no meio jurídico, principalmente nos crimes do tipo de acidente de transito.

Temos observado alguns casos em que o condutor do veículo causador do acidente grave, e principalmente nos que envolvem vítima fatal, em sendo verificado que o sujeito esteve, no momento em que conduzia o veículo, totalmente embriagado, o mesmo tem sido autuado em flagrante e indiciado por homicídio doloso, na possível ocorrência do dolo eventual, uma vez que assumia o risco de produzir o acidente.

Nesses casos, os infratores têm sido autuados nos termos do Artigo 121 do Código Penal, e seus respectivos processos sendo levados à julgamento perante à Vara Privativa do Júri, que tem competência constitucional para processar e julgar os litígios decorrentes dos crimes cometidos contra a vida.

É certo que tal polêmica surge, tendo em vista que os delitos do tipo de acidente de trânsito devem sofrer a antijuridicidade da legislação especial, ou seja, deverão ser processados e julgados perante a Vara Comum, nos termos da Lei nº

9.503, de 23 de setembro de 1997, conhecida como Código de Trânsito Brasileiro e não sob a égide dos jurados.

Desse modo, se o crime é cometido em face de acidente de trânsito, o condutor/agente, deverá ser submetido ao tipo penal previsto na legislação cima, o que não vem sendo levado em consideração por alguns delegados e promotores, que estão caracterizando, quando da constatação, através de exame, do alto grau de alcoolemia nos condutores ocasionadores de acidente de transito de natureza grave, que presumida está, a existência do dolo eventual, uma vez que tais agentes assumiram o risco de produzir o acidente fatal.

Essa polêmica ainda não teve uma solução definitiva, até porque, nos casos existentes até então, o Judiciário ainda não firmou o seu posicionamento sobre o assunto, tendo em vista que as ações ainda estão em tramitação.

De certa forma, fica a expectativa, para nós, operadores do Direito, que estamos aguardando a interpretação final a ser dada pelo Judiciário, através da sua instância suprema, a confirmação ou não da existência do dolo eventual nesses tipos de delito/acidente de trânsito, uma vez que divergências existem entre os grandes juristas brasileiros.

De acordo com o meu entendimento, de certa forma, essa não é uma interpretação fácil de obter uma unanimidade entre os juristas, tendo em vista que conforme preceitua a doutrina, o dolo deverá se baixar em dois fundamentos, quais sejam: a consciência do agente de que sua atuação poderá lesar seriamente ou por em risco um bem jurídico e a indiferença diante dessa possibilidade, o que *in casu*, não é de fácil saliência.

Se ficar comprovado que o sujeito tinha a intenção de obter o resultado criminoso e o obteve, dolo direito nele, mas se ficar comprovado que o mesmo não tinha a intenção de obter o resultado antijurídico, mas correu o risco e mesmo assim o resultado ilícito sobreveio, dolo eventual nele.

Capítulo 11

Concurso de crimes

O concurso de crimes está inserido no nosso ordenamento jurídico na parte que disciplina a aplicação da pena, mais precisamente nos Artigos 69, 70 e 71 do Código Penal.

Tem-se o concurso de crimes quando um único agente, mediante uma ou mais ações, comete dois ou mais crimes, seja da mesma espécie ou não. Vamos as modalidades.

Concurso material – art. 69 do CP

Art. 69 – "Quando o agente, mediante mais de uma ação ou omissão, pratica dois ou mais crimes, idênticos ou não, aplicam-se cumulativamente as penas privativas de liberdade em que haja incorrido. No caso de aplicação cumulativa de penas de reclusão e de detenção, executa-se primeiro aquela".

- **Requisitos:**

Duas ou mais ações - Dois ou mais crimes.

Nesta primeira modalidade, um único agente, através de duas ou mais ações, comete dois ou mais crimes da mesma espécie ou não.

Exemplo: Bruno invade uma farmácia e anuncia um assalto hoje. Logo, cometeu o crime de roubo previsto no art. 157 do CP. Amanhã pula o muro de uma residência e subtrai para si uma bicicleta que lá estava guardada. Logo, cometeu o segundo crime denominado de furto previsto no art. 155 do CP. Depois de amanhã atira contra seu rival, tirando-lhe a vida. Logo, cometeu o crime de homicídio previsto no art. 121 do CP. Note que neste caso o mesmo agente, através de mais de uma ação (três), cometeu mais de um crime (três). Este é o caso típico de concurso material. O mais fácil e o mais comum de entender.

- **Consequência:**

As penas são somadas (cúmulo de penas).

Neste caso, como o agente cometeu mais de uma ação e praticou mais de um crime, que não tem nenhuma relação entre si, será condenado por cada um deles isoladamente, ou seja, somar-se-ão as penas de cada um delito. Ele será condenado pela prática dos três crimes isoladamente, nos termos do art. 69 do CP. As penas serão cumuladas.

É importante salientar que em havendo cúmulo de penas (reclusão e detenção), a execução se inicia pela pena mais grave, ou seja, inicia-se a pena de reclusão e depois a de detenção (parte final do art. 69 do CP).

Nos termos do Parágrafo Primeiro do Artigo 69 do CP, no concurso material, ainda se existir aplicação da pena privativa de liberdade, não suspensa, não cabe a substituição da pena privativa de liberdade pela restritiva de direitos, prevista no art. 44 do mesmo Diploma Legal.

Outra observação importante a se fazer é a que consta no Parágrafo Segundo do Art. 69 do CP. Diz o Código Penal que quando forem aplicadas penas restritivas de direitos, o condenado cumprirá simultaneamente as que forem compatíveis entre si e sucessivamente as demais. Isso quer dizer que deve existir uma maneira natural de conciliação tanto de aplicação da pena, que naturalmente se imagina que seja de uma para cada crime e também a de execução, ou seja, vamos executar todas as penas na medida do que seja basicamente possível.

A pena privativa de liberdade deve ser executada sucessivamente. O agente não pode cumprir simultaneamente duas penas privativas de liberdade, mas pode cumprir concomitantemente duas penas restritivas de direitos, desde que faticamente seja possível. É o que revela este § 2º do Art. 69 do CP.

Isto é que se pode dizer, de forma resumida, sobre o concurso material. Passemos agora ao segundo instituto denominado de concurso formal.

Concurso formal – Art. 70 do CP

Art. 70 do CP – "Quando o agente, mediante uma só ação ou omissão, pratica dois ou mais crimes, idênticos ou não, aplica-se a mais grave das penas cabíveis ou, se iguais, somente uma delas, mas aumentada, em qualquer caso, de um sexto até metade. As penas aplicam-se, entretanto, cumulativamente, se a ação ou omissão é dolosa e os crimes concorrentes resultam de desígnios autônomos, consoante o disposto no artigo anterior".

Espécies:
- Concurso formal próprio ou perfeito (Art. 70 – 1ª parte)
- Concurso formal impróprio ou imperfeito (Art. 70 – 2ª parte)

Requisitos:
Uma ação ou omissão provoca dois ou mais crimes.

No concurso formal próprio o agente, através de uma ação ou omissão, comete dois ou mais delitos de natureza culposa ou um delito de natureza dolosa e o outro por erro de execução.

(Um desígnio - Exige uma ação ou omissão que resulte em dois crimes culposos ou uma ação ou omissão que resulte em um crime doloso e um crime culposo).

1º Exemplo: O agente, dirigindo o seu automóvel, sobe a calçada e atropela e mata cinco pessoas que estavam na parada de ônibus. Note que neste caso ele cometeu uma ação apenas e não tinha a intenção de matar ninguém. Matou os cinco pedestres e vai responder por apenas um crime de homicídio culposo, com a pena majorada de 1/6 até a metade.

É importante ressaltar que essa causa de aumento tem que estar relacionada ao número de crimes cometidos com esta única ação. (Dois crimes – 1/6; três crimes – 1/5; quatro crimes – ¼ e assim sucessivamente, até chegar a metade, se for o caso – depende do número de vítimas).

2º Exemplo: Erro na execução (um delito doloso e um outro culposo):
Suponhamos que um agente quer matar o seu algoz e o encontrando, aponta o seu revolver para ele e atira, mas além de matar o seu inimigo, com este único tiro acerta uma terceira pessoa que estava próxima a que ele pretendia matar.

Note que neste caso, o autor tinha apenas a intenção (desígnio) de cometer o delito de homicídio com relação a apenas uma pessoa, mas por conta do erro na execução, atingiu e matou também uma terceira pessoa que estava próxima.

Aqui ele será condenado apenas pelo cometimento de um só crime, com a pena aumentada de 1/6 até a metade, nos mesmos moldes explicados acima, quando me referi à proporcionalidade do número de vítimas atingidas.

Concurso formal impróprio (2ª Parte do Art. 70 do CP)
Art. 70 do CP – Segunda parte: "...As penas aplicam-se, entretanto, cumulativamente, se a ação ou omissão é dolosa e os crimes concorrentes resultam de desígnios autônomos, consoante o disposto no artigo anterior".

Neste caso existem algumas peculiaridades (exige desígnios autônomos), vejamos:

Requisitos:
São os mesmos (Uma ação ou omissão). O diferente é que os crimes cometidos são de natureza dolosa.

Aqui, o réu tem desígnios autônomos, ou seja, existe a intenção (dolo) de cometer os crimes, diferentemente do que acontece no concurso formal próprio, que se exige a modalidade culposa.

Exemplo: A empregada doméstica tem o desejo (desígnio) de matar o patrão, a esposa e os dois filhos, ou seja, todos os integrantes da família e com uma ação de colocar veneno na comida, mata a todos. Note que foi uma ação, mas ela tinha a intenção (desígnio) de assassinar todos e assim o fez e por isso, responderá pelos 04 homicídios dolosos.

Consequência:
Nesse caso as penas são somadas, como no concurso material, já que a autora tinha o desejo de cometer os quatro homicídios. Daí, tem-se o nome de concurso formal impróprio.

Por fim, cabe registrar, que conforme determina o Parágrafo Único do Artigo 70 do CP, quando o juiz for aplicar a pena no concurso formal PRÓPRIO, a reprimenda não poderá exceder a que seria cabível pela regra do art. 69 do CP. Essa informação não se aplica ao concurso formal impróprio, porque naquele instituto (impróprio) aplica-se a regra do art. 69. Essa determinação só se justapõe ao concurso formal próprio.

Com isso o legislador deixou claro que o juiz não poderá aplicar em desfavor do réu uma reprimenda maior no concurso formal próprio, do que a que seria justaposta no concurso material, porque aí prejudicaria o sentenciado. Por quê? Porque logicamente no concurso formal próprio, como já vimos, o agente teria apenas a intenção de cometer apenas um delito, tendo cometido o segundo por mero desconhecimento (culposo). Ele não tinha dois desígnios (autônomos) como no concurso formal impróprio. Por isso o legislador deixou essa garantia fictícia.

De forma sucinta, essas são as considerações referentes ao concurso formal.

Capítulo 12

Crime continuado ou continuidade delitiva (Art. 71 do CP)

Art. 71 – Quando o agente, mediante mais de uma ação ou omissão, pratica dois ou mais crimes da mesma espécie e, pelas condições de tempo, lugar, maneira de execução e outras semelhantes, devem os subsequentes ser havidos como continuação do primeiro, aplica-se a pena de um só dos crimes, se idênticas, ou a mais grave, se diversas, aumentada, em qualquer caso, de um sexto a dois terços.

No modesto conceito deste autor, este instituto foi inserido no ordenamento jurídico brasileiro para facilitar a vida do delinquente contumaz. É o que chamo de injustiça legalizada e o que a doutrina majoritária denomina de ficção jurídica. Vejamos.

- **Requisitos:**

Duas ou mais ações – Cometimento de dois ou mais crimes (pluralidade de condutas + pluralidade de crimes da mesma espécie ou mesmo gênero).

Pois bem. Neste caso, o agente, através de DUAS OU MAIS AÇÕES, comete DOIS OU MAIS CRIMES, da mesma espécie e pelas condições de tempo, lugar, maneira de execução e outras semelhantes, que devem estar ligadas diretamente como continuação do primeiro crime. É o chamado vínculo de continuação.

Critérios:
- Vínculo temporal (praticado no mesmo tempo aproximado – naquele mesmo horário aproximado)
- Vínculo modal (mesma forma de execução)
- Vínculo espacial (cometido no mesmo lugar)

- **Consequência:**

Ao invés de ter as penas somadas, já que o "delinquente" cometeu mais de um crime e com mais de uma ação, neste caso o juiz deverá aplicar a pena somente de um só dos crimes, se idênticas, ou a mais grave, se o crime for diverso do primeiro, e deverá aumentá-la de 1/6 até 2/3. (Mamão com açúcar para o criminoso).

Este tipo de modalidade é o mais confuso de todos de se entender, já que é difícil, na prática, mostrar a diferença entre o crime continuado e o crime material, porque a doutrina estende ao crime da mesma espécie, a delinquência do mesmo gênero (essa extensão de entendimento é que complica tudo na prática).

Note que lá no crime material o agente também, através de duas ou mais ações, comete dois ou mais crimes e da mesma forma, nesta modalidade de continuidade delitiva, o agente também, através de duas ou mais ações, pratica dois ou mais crimes, só que, esses crimes subsequentes, devem ter relação com a continuidade do primeiro.

É muito difícil de comprovar isso na prática e os tribunais têm aplicado, na maioria dos casos, a benesse desta modalidade aos agentes transgressores, ao invés do aproveitamento da regra do concurso material previsto no art. 69 do CP. Deve ser verificado caso a caso e esse entendimento fica a critério do magistrado.

Para instruir o entendimento, vou fazer um breve relato histórico de quando surgiu o instituto da continuidade delitiva no direito brasileiro.

Pois bem. O crime continuado surgiu na história quando ainda não se tinha previsão legal para ele. No Brasil, na época das ordenações Filipinas, cada agente quando era condenado a um terceiro crime de furto o julgador tinha que obrigatoriamente aplicar a pena de morte. Mas alguns magistrados tidos como humanitários, já que o Código Filipino era cruel, começaram a facilitar a vida dos criminosos e passaram a interpretar e tratar o terceiro crime de furto cometido pelo agente como a continuidade do primeiro.

Esse instituto foi criado exclusivamente para tratar do crime de furto e não para qualquer outro crime, como ocorre hoje em dia. Surgiu então, nesse conceito, o crime continuado, para livrar o criminoso da pena de morte. Desta forma, a continuidade delitiva veio para o nosso ordenamento jurídico para ser utilizado nessa função, ou seja, para ser aplicado nos crimes de furtos continuados.

1º Exemplo: O empregado que pretendia furtar um faqueiro, mas não tinha condições de fazer de uma só vez. Todo dia ele levava uma parte do conjunto do faqueiro até que depois de algum tempo, conseguiu levar todos os itens. Para não ser condenado por vários crimes de furtos e a partir do terceiro crime ser condenado a pena de morte (na ocasião das ordenações Filipinas), facilitou-se a vida do "mão boba" e criou-se essa regrinha para beneficiá-lo e livrá-lo da morte.

Assim nasceu o instituto da continuidade delitiva. Hoje, como dito, aplica-se a qualquer tipo de crime e não mais exclusivamente ao delito de furto como no início, estendendo-se a uma interpretação mais abrangente para, além dos crimes da mesma espécie se utilizar também na condenação aos crimes do mesmo gênero, o que no entender deste escritor, é uma benesse para o criminoso contumaz e uma vergonha para a sociedade, que se sente injustiçada.

2º Exemplo: O crime de sonegação fiscal cometido no imposto de renda. Observe que esse tipo de delito só pode ser praticado uma vez por ano, quando da declaração anual do imposto de renda. Suponhamos que no primeiro ano o agente sonega e no segundo ano continua sonegando e assim sucessivamente. Teremos neste caso, a ocorrência do crime continuado. Veja que é da mesma espécie, cometido no mesmo espaço temporal e do mesmo modo. Esse é o exemplo clássico do crime continuado.

Crime continuado qualificado ou específico

Parágrafo Único – Nos crimes dolosos, contra vítimas diferentes, cometidos com violência ou grave ameaça à pessoa, poderá o juiz, considerando a culpabilidade, os antecedentes, a conduta social e a personalidade do agente, bem como os motivos e as circunstâncias, aumentar a pena de um só dos crimes, se idênticas, ou a mais grave, se diversas, até o triplo, observadas as regras do parágrafo único do art. 70 e do art. 75 deste Código.

Pois bem. Temos ainda, a figura do crime continuado qualificado ou especifico – Art. 71, Parágrafo Único do Código Penal.

Requisitos:
- O crime tem que ser doloso (não cabe na modalidade culposa)
- Tem que ser cometido contra vítimas diferentes
- Tem que ter o uso de violência ou grave ameaça a pessoa

Pois é. Nesta modalidade legal, conforme consta no Parágrafo Único do Artigo 71 do CP, essa regra é aplicada nos crimes DOLOSOS cometidos contra VÍTIMAS DIFERENTES, com emprego de VIOLÊNCIA ou GRAVE AMEAÇA a pessoa.

Consequência:
O juiz aplicará a pena de um só dos crimes, se idênticas ou a mais grave se forem crimes diversos, aumentando-a até o triplo. Porque aqui estamos diante de uma situação mais gravosa.

Observação importante:
Em todos os casos o magistrado sentenciante não poderá aplicar a pena maior do que seria cabível na regra do art. 69 do CP, ou seja, no crime material. Da mesma forma o juiz das execuções penais, quando for fazer a unificação das penas, deverá observar que o condenado não deverá extrapolar o tempo de cumprimento

da reprimenda que lhe fora imposta, maior que 30 anos, conforme determina o art. 75 do CP. (O réu não poderá cumprir mais que 30 anos de reclusão).

É verdade, o legislador mais uma vez beneficiou o criminoso, ao restringir a aplicação da pena do crime continuado qualificado, assim como restringiu no crime continuado comum.

Como se vê, a continuidade delitiva é uma garantia legal que o réu tem a seu favor, para ser usada quando da apresentação de sua defesa em juízo, como forma de compensação a desconsideração dos demais crimes cometidos em continuidade, porque o magistrado deverá somente levar em consideração, quando da prolação da sentença, apenas um deles.

Enquanto no concurso material as penas são somadas, no crime continuado aplica-se apenas uma delas, majorando-a de 1/6 a 2/3 na continuidade delitiva comum e até o triplo, na continuidade delitiva qualificada ou específica.

Depois dessas considerações, conclui-se que o instituto do crime continuado foi inserido no ordenamento jurídico brasileiro para beneficiar o réu, gerando, de certa forma, uma sensação de injustiça para a sociedade, doutrinariamente chamada de ficção jurídica.

Multas no concurso de crimes (Art. 72 do CP)
Art. 72 – "No concurso de crimes, as penas de multa são aplicadas distinta e integralmente".

Para finalizar essa pequena dissertação, cuida ainda informar que, de acordo com o Artigo 72 do Código Penal, no concurso de crimes, as penas de multa são aplicadas distintas e integralmente.

Isso significa dizer que não será aplicada para a pena de multa as regras do concurso formal ou do crime continuado e aumentar um pouco em compensação dos outros crimes que não se está levando em consideração. O juiz deverá aplicar a pena de multa para cada um deles, distintamente. Aqui o legislador não beneficiou o réu, já que se trata de arrecadação para o Estado.

Diante de tudo o que foi exposto, há de se concluir que, o Direito em si é muito interessante de se aprender, já que tem a missão de regular as relações interpessoais de toda a sociedade organizada.

Com relação aos institutos que foram analisados neste estudo, creio que são de muita valia, esperando este autor ter contribuído com o aprendizado do amigo leitor, já que diariamente há o cometimento de delitos e o instituto do concurso de crimes está inserido justamente no ordenamento jurídico para ser aplicado cotidianamente pelo Poder Judiciário, que é o Órgão instituído constitucionalmente para interpretar as leis e aplicá-las caso concreto.

Capítulo 13

Aspectos mais importantes do crime de homicídio

Artigo 121 – Matar alguém. Homicídio simples. Pena: 6 a 20 anos.

O artigo 121 do Código Penal é um dos mais relevantes dos tipos penais do nosso código penal, haja vista que protege o bem considerado mais importante de todos, qual seja: a vida.

Relativamente ao elemento subjetivo do tipo, o homicídio poderá se dar por:

1. Dolo direto: o agente tem consciência do fato e age em busca do resultado;

2. Dolo indireto: o agente não quer o resultado, mas assume o risco, sendo indiferente caso ocorra;

3. Culpa consciente: o agente não quer o resultado, mas sabendo da possibilidade da ocorrência, acredita - sinceramente - que suas habilidades serão capazes de impedi-lo;

4. Culpa inconsciente: o agente não pensa na possibilidade da ocorrência de dado resultado previsível e por sua falta de dever de cuidado, consuma-o.

Por qualquer um dos elementos subjetivos, consumar-se-á o crime de homicídio quando ocorre a parada circulatória, sanguínea e respiratória em caráter definitivo. Sendo comprovado por meio de exame pericial denominado cadavérico ou necroscópico.

São qualificadoras do crime de homicídio:

I. Recompensa – visa-se vantagem econômica antecipada ou futura. Aqui se tem a figura do mandante que pagou ou prometeu pagar, respondendo pelo crime como mandatário;

II. Motivo torpe – trata-se de motivo irrelevante, imoral, repugnante, egoísta (cupidez), como na hipótese de quem mata os pais para ficar com a herança.

III. Motivo fútil – consiste naquele que na verdade se mostra como uma falta de real motivo, uma banalidade, como um simples término de namoro; uma discussão em família; ou uma disputa no emprego.

IV. Com emprego de veneno, fogo, explosivo, asfixia, tortura ou outro meio insidioso ou cruel, ou de que possa resultar perigo comum;

V. Traição, emboscada, ou mediante dissimulação ou outro recurso que dificulte ou torne impossível a defesa do ofendido - a traição consiste na quebra de confiança; a emboscada reside em saber o itinerário da vítima, de modo a esperá-la em determinado ponto; enquanto impossibilitar a defesa é agir de surpresa.

VI. Cometido para assegurar a execução, a ocultação, a impunidade ou vantagem de outro crime.

VII – Cometido contra a mulher por razões da condição de sexo feminino;

Considera-se, nos termos do § 2º - A do artigo 121 do CP/40, que há razões de condição de sexo feminino quando o crime envolve: violência doméstica e familiar; ou menosprezo ou discriminação à condição de mulher.

VIII – Cometido contra autoridade ou agente descrito nos artigos 142 e 144 da Constituição Federal, integrantes do sistema prisional e da Força Nacional de

Segurança Pública, no exercício da função ou em decorrência dela, ou contra seu cônjuge, companheiro ou parente consanguíneo até terceiro grau, em razão dessa condição.

A pena do homicídio qualificado varia de 12 a 30 anos.

Por outro lado, incorrerá em homicídio privilegiado, aquele praticado dolosamente, mas com determinada motivação. Quais sejam:

a) **Relevante valor moral:** atrela-se aos interesses individuais do agente, como piedade e compaixão. Tange as hipóteses de eutanásia para cessar sofrimento de um ente próximo.

b) **Relevante valor social:** relaciona-se aos interesses coletividade, como matar traficante a fim de assegurar a paz social.

c) **Domínio da violenta emoção,** logo após a injusta provocação da vítima: vincula-se a uma condição de raiva que reduz o discernimento do agente.

Ocorrida quaisquer das hipóteses, temos a aplicação da pena imputada para o homicídio simples, reduzindo-a de 1/6 a 1/3.

Insta, ainda, comentar a respeito da hipótese da ocorrência de homicídio culposo, sendo aquele desprovido de dolo, mas ocorrido em razão de imprudência (agir sem o devido cuidado), negligência (inércia, por descuido, quando deveria) ou imperícia (falha na técnica do ofício).

Ante a consumação do homicídio culposo, ter-se-á a aplicação da pena de 1 a 3 anos. Mas, incidirá em causa especial de aumento da pena em 1/3 se i) o crime resulta de inobservância de regra técnica de profissão, arte ou ofício, ou ii) se o agente deixa de prestar imediato socorro à vítima, não procura diminuir as consequências do seu ato, ou foge para evitar prisão em flagrante.

Capítulo 14

Crime de furto

O crime de furto está regulado pelo Artigo 155 do Código Penal.

Podemos definir o conceito de furto como sendo aquele fato típico (subtração clandestina de uma coisa que se encontra sob custódia alheia, fato este antijurídico (contrário ao direito – Artigo 155), e culpável.

É um crime cometido contra o patrimônio alheio, patrimônio este que pode ser material ou imaterial, a exemplo do furto de energia elétrica. Assim, o patrimônio pode ser considerado como um conjunto de bens ou valores econômicos que se encontram sob o poder de uma pessoa, ou seja, o direito subjetivo do titular de desfrutar o objeto, o bem.

Assim, O conceito de furto pode ser expresso nas seguintes palavras: furto é a subtração de coisa alheia móvel para si ou para outrem sem a prática de violência ou de grave ameaça ou de qualquer espécie de constrangimento físico ou moral à pessoa. Significa, pois o assenhoramento da coisa com fim de apoderar-se dela com ânimo definitivo.

Divergência entre a doutrina:
A doutrina brasileira diverge quanto à objetividade jurídica no delito de furto, por isso temos quatro correntes que pensam diferentes quais sejam:

1) para alguns, é bem jurídico suscetível de tutela somente o direito de propriedade;
2) Para outros, somente a posse é protegida;

3) Para outra parte da doutrina, o âmbito protetivo da norma engloba a posse e a propriedade;

4) Já para a quarta posição da doutrina, o bem jurídico tutelado é a propriedade, a posse e a detenção.

Assim, seguindo a lógica do direito, filio-me a parte da doutrina que afirma que o bem jurídico protegido é a propriedade, a posse e a detenção da coisa (patrimônio), pois a privação desse uso implica necessariamente um dano de natureza patrimonial.

É inegável que o dispositivo protege não só a propriedade como a posse, seja ela direta ou indireta além da própria detenção. Devemos si ter primeiro o bem jurídico daquele que é afetado imediatamente pela conduta criminosa. Vale dizer que a vítima de furto não é necessariamente o proprietário da coisa subtraída, podendo recair a sujeição passiva sobre o mero detentor ou possuidor da coisa.

Com relação ao Sujeito ativo do crime, pode ser qualquer pessoa, tipificando-se assim, em um crime comum.

Já em relação ao sujeito passivo do crime de furto, é o proprietário, o possuidor ou o detentor da coisa furtada. São os titulares do bem que foi lesado, no caso da subtração.

É importante destacar, que a pessoa jurídica pode ser sujeito passivo de crime de furto, mas jamais poderá ser sujeito ativo.

Já elementar objetiva é o fato típico subtrair a coisa da vítima, sem o seu assentimento. O crime de furto pode ser praticado também através de animais amestrados, instrumentos etc. Esse crime será de apossamento indireto, devido ao emprego de animais, caso contrário é de apossamento direto.

A forma é livre, pois tanto pode ser praticado na presença ou na ausência da vítima.

Objeto do crime: Coisa alheia móvel. Para que a coisa seja móvel, e passível de furto, suficiente a possibilidade de remoção, deslocamento, apreensão, em fim, a possibilidade de ser deslocada de um lugar para o outro.

É importante destacar, que coisa em direito penal representa qualquer substância corpórea, seja ela material ou materializável, ainda que não tangível, suscetível de apreciação e transporte, incluindo aqui os corpos gasosos, os instrumentos, os títulos, etc.

O tipo subjetivo está caracterizado no dolo, que é a vontade livre e consciente do autor de subtrair para si ou para outrem coisa alheia móvel.

Assim, deve ser ressaltado, que a descrição típica do crime de furto exige duplo elementos subjetivos: o dolo que consiste na vontade livre e consciente de subtrair a coisa móvel e a finalidade especial contida na expressão para si ou para outrem.

É importante ressaltar, que é exigido pelo tipo penal o conhecimento pleno do agente de que a coisa subtraída não seja sua, pois caso contrário, poderá incidir me erro de tipo, nos termos do Artigo 20 do CPB.

Do momento consumativo do crime de furto

Esse é um ponto em que há diversas posições doutrinárias com relação ao momento consumativo.

a) Para uns, é suficiente o deslocamento da coisa, mesmo que ainda não a tenha removido no sentido de retirá-la da esfera de custódia da vítima;

b) Outra parte da doutrina diz que é necessário que a coisa subtraída tenha se afastado da esfera da vítima e;

c) Outra parte da doutrina diz que o momento da prática delitiva se consuma, em um momento de posse tranqüila, ainda que temporária. Neste caso, é necessário que a inversão do poder de disposição da coisa que estava antes sob o domínio da vítima, passe para o agente, sob pena de caracterizar a tentativa.

Nestes termos, baseando-se na doutrina dominante, o crime consuma-se no momento da inversão da posse, ou seja, no momento após a arrebatação, no qual o objeto material sai da esfera de guarda e vigilância do proprietário ou possuidor e passa para a do sujeito ativo do crime. Pode ocorrer, por exemplo, quando o criminoso engole uma pedra preciosa que acabou de furtar, ou quando ele consegue fugir do local.

Como crime material (tem ação e resultado), admitindo-se, assim, a forma tentada.

No que se refere ao § 3º,
Aqui está caracterizado o furto de energia elétrica. Considera furto de energia elétrica quando esta é subtraída antes do medidor. Mas se o agente utiliza de qualquer instrumento para viciar o medidor, de forma que este registre menos energia, caracteriza-se não o crime de furto, mas sim o crime de estelionato.

Assim sendo, diante do que oi explanado acima de forma sucinta, temos a seguinte classificação para o crime de furto: comum quanto ao sujeito, doloso, de forma livre, comissivo de dano, material e instantâneo.

A ação penal é pública incondicionada, exceto nas hipóteses do artigo 182 do Código Penal Brasileiro, que é condicionada à representação.

O crime de furto pode ser de quatro espécies: furto simples, furto noturno, furto privilegiado e furto qualificado, onde discorreremos sobre tais espécies em outra oportunidade.

Capítulo 15

Crimes de roubo e extorsão

O crime de roubo se encontra inserido no rol dos crimes contra o patrimônio. Esse crime possui as mesmas características do furto, porém, possui fatores que, agregados ao elemento do tipo subtrair, geram um novo tipo penal.

Há no roubo a subtração de coisa alheia móvel, para si ou para outrem, porém com a existência de grave ameaça ou com o emprego de violência contra a pessoa, os fatores que empregados fazem com que haja a entrega da coisa, são as circunstâncias especiais que relevam sua diferença para o furto.

A tutela jurídica oferecida pelo tipo penal do roubo é a de acobertar o patrimônio contra terceiros. A essência do crime de roubo é a de ser um crime contra o patrimônio. Porém, convém lembrarmos que este é um crime complexo, conforme elucida Júlio Fabbrini Mirabete: "Tratando-se de crime complexo, objeto jurídico imediato do roubo é o patrimônio. Tutelam-se, também, a integridade corporal, a liberdade e, no latrocínio, a vida do sujeito passivo".

A proteção normativa se desdobra em dois planos distintos, porém, de existência vital, pois são feridos dois bens jurídicos distintos. No primeiro ele visa a proteção do patrimônio contra eventual subtração por via da iminência da aplicação da sanção penal que, no tipo em estudo, se revela de alto teor.

Em um segundo momento, podemos verificar que há a tutela à manutenção do estado do corpo-humano, zelando ora pela sua integridade física ora pela totalidade da existência da vida humana, evitando que este seja afrontado para obtenção de um bem material de gradação inferior a vida humana, que se encontra no ápice dos bens nos quais o direito tutela, conforme corolário constitucional.

O crime de roubo é um crime comum, portanto, qualquer um pode ser o sujeito ativo. Porém, quanto ao sujeito passivo não há um liame necessário entre o ato ofensivo e a pessoa que seja seu possuidor, detentor ou proprietário. A violência pode ser utilizada contra um terceiro, com vistas a obter o bem de outro. Mas ambos serão vítimas do crime de roubo.

Tipo objetivo e subjetivo:

O delito descrito no tipo penal preceitua que a subtração da coisa deve vir jungida com a violência ou a grave ameaça, sendo esta empregada, antes ou depois, contra a pessoa.

A conduta deve ser por uma via apta a causar o temor na vítima (sofrimento psíquico), tornando diminuta sua capacidade de resistência à intenção de subtrair, ou impor a ela algum tipo de dor, martírio, que é vislumbrado por meio da violência (sofrimento físico), mas deve ser abstraído o grau da lesão corporal, de lesividade à integridade física que fora empregado, bastando a constrição física.

A ameaça independe de uma gradação, porém, revela-se contumaz, para sua configuração a aparição dos seus reflexos na vítima, gerando a ela, um temor, um medo em relação à sua integridade física. A vis moralis pode aparecer de formas diversas, não exigindo o comando legal uma vinculação a formas específicas de gerar a ameaça.

Esta pode se dar por via de gestos, gritos (ameaçando com palavras de matar o ente querido que está no lugar ou apontando a arma para outra pessoa na sala).

Essa ameaça de ocorrência de violência deve recair sobre pessoa humana, não podendo de forma alguma ser sobre um objeto. No caso de ser sobre objeto, estaremos, pois, diante de uma necessária desclassificação para o crime de furto qualificado (art.155, § 4º, I do CP). A violência deve ser manifestadamente física, com a utilização de meio apto a lesionar, a causar uma alteração no estado de integridade física da pessoa.

A gravidade, o teor da lesão corporal deve ser apreciada para fins de aplicação do princípio da absorção ou não. Sendo a lesão leve, será absorvida pelo roubo, pois, está inserido no tipo, mas, ao revés, se for o dano físico subsumido a forma grave, estaremos defronte a uma qualificadora, conforme o artigo 157, V, § 3º do Código Penal. Porém, se essa lesão for de cunho gravíssimo a conduta será apreciada em crime autônomo na forma concursal com o artigo 69 do Código Penal.

O meio capaz de reduzir a possibilidade de resistência deve ser compreendido como todo aquele que seja apto a tornar diminuta a capacidade de apresentar repulsa a subtração patrimonial. Para a determinação do meio que tenha eficácia para decrescer a vontade de evitar o ilícito deve ser determinado de forma subjetiva, sob a resistência dele ao meio e não submetendo isso a critérios objetivos (homem médio).

Tem-se entendido que devem ser consideradas as condições pessoais da vítima, como vida social, sexo, grau de instrução, idade, saúde, etc. Alguns exemplos podem ser colhidos na doutrina, tais como, sonífero, emprego de drogas, hipnose, intoxicação etílica.

Os meios definidos no artigo como garantidores da consumação do delito, que no primeiro momento revela como crime de furto, com o fato agressor da integridade física ou psíquica, sendo agregado e dando a configuração de roubo.

O elemento subjetivo do tipo é o ânimo de ter para si coisa móvel pertencente a terceiros. Essa vontade de subtrair traz consigo o emprego de algumas das formas vinculadas no caput do artigo, sendo exigido o chamado dolo específico.

Consumação e tentativa:

O roubo é considerado consumado quando a coisa sai completamente do domínio da vítima. Mas o crime estará consumado se o agente, tendo a posse calma da coisa, mesmo que por pouco tempo, tendo que se desfazer dela para evitar o flagrante ou a perde durante a perseguição, estaremos diante do delito na sua forma consumada.

O lapso temporal em que há a posse tranqüila é irrelevante para a consumação do fato típico. O requisito é a existência dessa posse em algum momento, não precisando desse liame entre a passividade da posse e o tempo decorrido do alcance da posse.

Roubo impróprio:

O roubo impróprio é o cerne do presente trabalho, que encontra base normativa no artigo 157: "Na mesma pena incorre quem, logo depois de subtraída a coisa, emprega violência contra pessoa ou grave ameaça, a fim de assegurar a impunidade do crime ou a detenção da coisa para si ou para terceiro".

Esta forma de roubo difere do roubo próprio justamente para Magalhães Noronha: "Distingue-se do roubo próprio, porque, neste, a ameaça e a violência são meios para a consecução da aprehensio, ao passo que, nele o agente já se apoderou da coisa. Não há roubo impróprio, sem a detenção anterior do móvel, pelo delinqüente, seguindo-se a logo a ameaça ou a violência, para o fim de assegurar a detenção da coisa ou a impunidade do delito".

A diferença reside no momento da agressão, enquanto no tipo originário a agressão se dá para obter a subtração da coisa, no tipo derivado a agressão ocorre com o objetivo de manter para si a posse da coisa ou acautelar-se de apenamento.

O delito consignado no artigo 157 prevê que a redução à impossibilidade de resistência é considerado meio de ofensa à pessoa da vítima ou a terceiro, que acabe por dar ação a consumação do roubo. É interessante analisar que o caput menciona tal dispositivo, nos casos de roubo próprio esquecendo-se de elencar tal hipótese na forma imprópria.

Do conceito da extorsão e noções gerais:

Define-se o delito de extorsão comum no art. 158, que é constranger alguém mediante violência ou grave ameaça, e com o intuito de obter para si ou para outrem indevida vantagem econômica, a fazer, tolerar, que se faça ou deixa de fazer alguma coisa: pena de reclusão, de 4 a 10 anos e multa.

Ocorre o crime, portanto quando o agente obriga o sujeito passivo a entregar-lhe dinheiro, a não efetuar uma cobrança, anão impedir que se lhe rasgue um titulo de credito.

Objetividade jurídica:

Como a extorsão é um crime contra o patrimônio, é este o tutelado pelo dispositivo, embora, indiretamente, estejam protegidas também a inviolabilidade e a liberdade individual. Ao contrario do que ocorre no furto e no roubo, entretanto, ano é só a coisa móvel a ser objeto do crime; pode ocorrer a extorsão obrigando-se a vitima a transferir a propriedade de um imóvel ao agente ou terceiro.

Sujeito passivo e sujeito ativo:

Qualquer pessoa pode praticar extorsão, mas sendo o agente funcionário publico a simples exigência de uma vantagem indevida em razão da função caracteriza o delito da concussão (art.316 do CP). Mas o agente da autoridade que constrange alguém, com emprego de violência ou grave ameaça, para obter proveito indevido, não incorre unicamente nas penas do delito de concussão; vai mais adiante, praticando uma extorsão.

Uma ou varias pessoas podem ser sujeitos passivos do crime em estudo. É vitima aquele que é sujeito a violência ou ameaça, o que deixa de fazer ou tolerar que se faça alguma coisa e, ainda, o que sofre prejuízo econômico.

Tipo objetivo e subjetivo:

A conduta prevista no dispositivo é constranger (obrigar, forçar, coagir) a vitima mediante violência ou grave ameaça, desde que seja ele meio idôneo a intimidar. Embora de tenha em vista, quanto a possibilidade de intimação, o homem médio, já se tem decidido que é indispensável que o sujeito passivo sofra a ameaça de dano capaz de intimidá-lo. A ameaça pode constituir-se na promessa de revelar um segredo.

A simples ameaça de recorrer a justiça ou mover ação não configura, porem, ilícito penal.

Ao contrario do que ocorre quanto ao roubo, não prevê a lei, não extorsão, outros meios que não a grave ameaça ou a violência. Assim, se o constrangimento é efetuado por meio de narcóticos.

A violência física ou moral deve ser destinada a pratica de um ato pela vitima (entregar ao agente certa quantia), a omissão desta (não cobrar uma divida ou a sua permissão para algum ato (destruição de um título de crédito do que é credor).

O tipo subjetivo, ou seja, o dolo o delito é à vontade de constranger, mediante ameaça ou violência, ou seja, a de coagir a vitima a fazer, deixar de fazer ou a tolerar que se faça alguma coisa. O elemento subjetivo do tipo (dolo especifico) é à vontade de obter uma vantagem econômica ilícita, constituindo esta, corolário da ameaça ou violência. Na ausência de um fim econômico, o delito será outro (constrangimento ilegal, crime contra os costumes etc.)

Consumação e tentativa:

Há duas orientações quanto a consumação do crime, na primeira diz se que extorsão é um crime formal, consumado-se quando a vitima faz, deixa de fazer ou tolera que se faça alguma coisa. Pela a segunda o delito é material e só estará consumado quando o agente obtiver a vantagem econômica.

Embora formal, o crime é possível a ocorrência da tentativa, uma vez que o crime não se perfaz único ato.

Extorsão qualificada:

Classifica-se o crime, com o aumento da pena de 1/3 ate a metade quando é ele "cometido por duas ou mais pessoas ou com emprego de arma".

Na primeira parte, exige-se o concurso de agentes. A nota-se que, agora o dispositivo exige que duas pessoas pelo menos, pratiquem ato executivo do delito, para classificar-se o crime, ao contrario do que se ocorre no furto e no roubo.

Quando ao emprego de arma reitera-se o que foi exposto com relação ao roubo, com a observação de que "estar armado não tem a mesma tipificação de cometer o crime com emprego de arma".

Distinção:

A extorsão é um crime semelhante ao roubo, sendo muitas vezes difícil de ser dele distinguida. Aponta-se como diferença principal entre ele o fato de existir, no roubo, a subtração, ou seja, uma atividade do agente e, na extorsão, uma conduta da vitima em entregar a coisa, praticar um ato etc. Não a diferença ponderável no fato de o agente, sob ameaça, subtrair a carteira da vitima ou na mesma circunstancia obrigar a vitima a entregá-la. No primeiro há roubo e no segundo extorsão.

Concurso:

Admite-se a continuidade, como no crime de roubo ainda quando se trata de crime contra pessoas diversas. Exigindo-se e obtendo-se por varias vezes vantagem ilícita da mesma pessoa, há crime continuado de extorsão. Entretanto, se a vantagem econômica indevida é obtida de forma parcelada, ocorre uma única ação desdobrada em atos sucessivos, o que impede o reconhecimento da continuidade delitiva, caracterizando-se crime único.

Extorsão mediante sequestro:

Pode uma extorsão ser praticada tendo como meio para obtenção da vantagem econômica a privação de liberdade de uma pessoa. Configura-se no caso, o crime de extorsão mediante seqüestro (Art.159), sequestrar pessoa com o fim de obter, para si ou para outrem, qualquer vantagem, como condição ou preço do resgate: pena reclusão de 8 a 15 anos. A mesma lei conceituou a extorsão mediante seqüestro simples ou qualificada, tentada ou consumada, como crime hediondo.

Objetividade jurídica:

Tutela-se o patrimônio já que o fim do agente é a vantagem econômica. A liberdade individual, a incolumidade pessoal e a própria vida, estas nas formas qualificadas, são também protegidas indiretamente pelo dispositivo.

Sujeito ativo e passivo:

Sujeito ativo do crime é o que pratica qualquer dos elementos objetivos do tipo: seqüestra, leva mensagens, etc. tratando-se de autoridade policial, se o móvel do agente foi o de privar a vitima de sua liberdade para dela extorquir vantagem indevida, que é crime comum, e não qualquer daqueles que são próprios do funcionário publico.

Alem da pessoa seqüestrada, é sujeito passivo do crime aquele que sofre o prejuízo econômico.

Extorsão indireta:

Define-se no art. 160 um tipo especial de extorsão: "exigir ou receber como garantia de divida, abusando da situação de alguém, documento, que pode dar causa e procedimento criminal contra a vitima ou contra terceiro: pena reclusão de 1 a 3 anos, e multa". É o caso do agente que para garantir-se de uma vitima, usa meio ilícito.

Capítulo 16

Peculiaridades do crime de Sequestro Relâmpago

O que diferencia o sequestro relâmpago nestes três artigos abaixo?

Artigo 157 § 2º, Inciso V; Artigo 158, § 3º e Art. 159, caput, do CP.

O Artigo 157 trata do crime propriamente de roubo, onde a elementar objetiva do tipo é subtrair coisa alheia móvel para si ou para outrem e a forma é mediante grave ameaça ou violência.

Nessa hipótese, a conduta do agente está totalmente voltada à prática descrita no tipo penal, que é roubar à vítima. Ocorre que, como a figura do sequestro relâmpago tornou-se uma prática constante nos últimos anos, ainda não existia um tipo penal objetivo que enquadrasse o agente nessa conduta ilícita/típica que é sequestrar, com o intuito de obter vantagem econômica.

Mas, a fim de não deixar impune o agente que cometesse essa conduta atípica, sem previsão legal, aplicava-se a essa conduta, a qualificadora do § 2º, Inciso V do CPP, caso o agente mantivesse a vítima em seu poder, restringindo a sua liberdade.

Mas esta teoria não poderia prosperar, uma vez que em minha opinião, o que tipifica o Inciso V do § 2º do Artigo 157, é se: na hipótese de o agente roubar a vítima, houver a necessidade de permanecer com ela em seu poder, com o intuito de assegurar a sua fuga da polícia, por exemplo.

Isso mesmo. A vítima tem seu veículo subtraído e é levada por alguns minutos, percorrendo poucos quilômetros com o autor do delito. Sua finalidade aqui seria verificar se o veículo não possui nenhum sistema de alarme e postergar a comunicação do fato à polícia. Nesse caso, a vítima teve restringida momentaneamente sua liberdade de locomoção, enquadrando-se a conduta na descrição de roubo majorado.

Nesta hipótese, estamos diante de uma majoração do crime de roubo e não pela prática típica do crime de sequestro relâmpago.

Se o agente permanecer com a vítima, após o roubo sem nenhuma conexão com a sua execução ou garantia de fuga, não se estará diante da majorante, mas se tratará de concurso dos crimes de roubo e sequestro, ou extorsão mediante sequestro, por exemplo.

Aqui, o crime se consuma sem a obrigatoriedade da participação no crime (é um assalto, me dê sua carteira. A vítima dá e pronto).

Já o artigo 159 caput do mesmo diploma legal, trata-se do crime próprio de extorsão mediante sequestro.

Aqui a elementar objetiva é sequestrar a pessoa mesmo. Mas a diferença está na finalidade do agente, que neste caso, é OBTER PARA SI OU PARA OUTREM, QUALQUER VANTAGEM, como condição de preço ou de resgate.

In casu, trata-se também de crime doloso, cuja finalidade do agente é sequestrar a vítima, com o intuito de obter qualquer vantagem, não só a econômica.

Nesta situação, o agente fica em poder da vítima para que uma terceira pessoa pague o preço do resgate. Veja a diferença: Aqui se trata do sequestro propriamente comum, onde envolve no resgate uma terceira pessoa. A dependência para o resgate depende única e exclusivamente de uma terceira pessoa e não diretamente da vítima. (Independe da participação obrigatória da vítima).

Diante disso, não caberia jamais incluir o crime típico do sequestro relâmpago neste caso, uma vez que a intenção do agente é ficar em poder da vítima, seja o tempo que for, para que um terceiro pague o preço do resgate. Não é crime momentâneo com o sequestro relâmpago, que veremos a seguir.

§ 3º do Artigo 158 do CPP.

Como dito acima, a conduta do sequestro relâmpago era "praticamente atípica", uma vez que não existia ainda um tipo legal que tratava dessa conduta ilícita propriamente, por isso o réu era enquadrado nos termos do Inciso V do § 2º do Artigo 157.

Com o advento da Lei nº 11.923/2009, que inseriu o § 3º no Artigo 158 do CPP, aí sim a situação mudou. Agora a conduta dolosa do agente passou a ser tipificada neste dispositivo legal.

Veja que a elementar objetiva do Artigo 158 é justamente constranger alguém e a finalidade é obter INDEVIDAMENTE VANTAGEM ECONÔMICA.

Diz o § 3º do referido dispositivo legal, que se o crime for cometido mediante restrição de liberdade da vítima e ESSA CONDIÇÃO É NECESSÁRIA PARA A OBTENÇÃO DA VANTAGEM ECONÔMICA, a pena é majorada.

Então, de logo percebemos, que a intenção do legislador foi justamente tipificar a conduta ilícita ao crime de sequestro relâmpago, uma vez que o constrangimento é voltado para a restrição da liberdade da vítima, como forma de obtenção da vantagem econômica.

Observe que na extorsão, o constrangimento é voltado à colaboração da vítima, pois sem esta o autor não obtém a vantagem almejada. Assim, obter vantagem indevida, exigindo que a vítima saque dinheiro no caixa eletrônico ou forneça sua senha de cartão magnético, só é possível com a colaboração desta. (Aqui a participação da vítima é obrigatória, pois o intento do réu só se consolida com a participação direta desta, indo até o caixa sacar o dinheiro, pois só esta tem a senha do cartão).

Desse modo, obrigar o ofendido, restringindo-lhe a liberdade, constituindo esta restrição, o instrumento para exercer a grave ameaça e provocar a colaboração da vítima, é exatamente à figura típica do art. 158, § 3º, do CP.

Dessa forma, não se aplica mais o Inciso V, do § 2º do Artigo 157 ao caso concreto de sequestro relâmpago, uma vez que naquela hipótese, o agente priva a liberdade da vítima com o intuito de obter fuga e não em obter vantagem econômica, considerando que o crime de roubo (que era a intenção inicial deste), já foi consumado, aplicando-se, assim, o tipo legal previsto no § 3º, do Artigo 158 ao caso concreto, a partir de então.

Da mesma forma, não é difícil notar a semelhança existente entre o art. 158 §3º e o art. 159 caput. Em ambos os casos, a liberdade e a obtenção de vantagem são referência, o que muda é que na extorsão qualificada o intuito do agente é a obtenção de vantagem econômica exclusivamente, conforme dito acima, e já na extorsão mediante sequestro, a natureza pode se modificar, ou seja, o intuito não necessariamente será econômico, podendo ser qualquer vantagem, assim como exige o envolvimento de uma terceira pessoa para pagar o resgate.

Assim considerando, percebemos que as semelhanças são as narradas acima, a diferença paira sobre o intuito doloso do agente, assim como a obrigatoriedade da participação ou não da vítima no crime.

Capítulo 17

O crime de roubo praticado dentro do ônibus – o que diz o Direito Penal?

Neste capítulo irei discorrer sobre um assunto juridicamente polêmico. Trata-se da interpretação judicial majoritária acerca da aplicação do concurso formal próprio ao crime de roubo praticado em transporte público coletivo (ônibus).

O concurso formal está instituído no ordenamento jurídico no Artigo 70 do Código Penal e é integrado ao concurso de crimes. Têm-se a ocorrência do concurso formal quando "...o agente, mediante uma única ação ou omissão pratica dois ou mais crimes, idênticos ou não. Neste caso, aplica-se a mais grave das penas cabíveis ou, se iguais, somente uma delas, mas aumentada, em qualquer caso, de um sexto até metade.

As penas aplicam-se, entretanto, cumulativamente, se a ação ou omissão é dolosa e os crimes concorrentes resultam de desígnios autônomos...".

Como é cediço, há duas espécies de concurso formal. O próprio ou perfeito (Art. 70 – 1ª parte) e o impróprio ou imperfeito (Art. 70 – 2ª parte).

No concurso formal próprio o agente, através de uma ação ou omissão, comete dois ou mais delitos de natureza culposa ou um delito de natureza dolosa e o outro por erro de execução (culposa). Há a ocorrência de apenas um desígnio, ou seja, exige uma ação ou omissão que resulte em dois crimes culposos ou uma ação ou omissão que resulte em um crime doloso e um crime culposo.

Neste caso, aplica-se a mais grave das penas cabíveis ou, se iguais, somente uma delas, mas aumentada, em qualquer caso, de um sexto até metade.

Já no concurso formal impróprio (2ª Parte do Art. 70 do CP – "...as penas aplicam-se, entretanto, cumulativamente, se a ação ou omissão é dolosa e os crimes concorrentes resultam de desígnios autônomos..."), os requisitos são os mesmos (uma ação ou omissão). O diferente é que os crimes cometidos são de natureza dolosa.

Aqui o réu tem desígnios autônomos, ou seja, existe a intenção (dolo) de cometer os crimes, diferentemente do que acontece no concurso formal próprio, que se exige a modalidade culposa.

Nesse caso as penas são somadas, como no concurso material, já que o autor tem o desejo de cometer os crimes autônomos. Daí, tem-se o nome de concurso formal impróprio.

Já com relação ao crime de roubo, o mesmo está previsto na parte especial do Código Penal, mais precisamente no Artigo 157.

Têm-se o crime de roubo quando o agente subtrai coisa móvel alheia, para si ou para outrem, mediante grave ameaça ou violência a pessoa, ou depois de havê-la, por qualquer meio, reduzido à impossibilidade de resistência.

Do mesmo modo, pratica o crime de roubo quem, logo depois de subtrair a coisa, emprega violência contra pessoa ou grave ameaça, a fim de assegurar a impunidade do crime ou a detenção da coisa para si ou para terceiro. Aqui é que nasce o foco do presente estudo.

O ato de subtrair para si ou para outrem, mediante ameaça, configura por si só a consumação do crime de roubo descrito no Artigo 157 do CP, no entanto, vamos analisar, com precisão, a ocorrência desse delito dentro de um transporte coletivo e a interpretação jurisprudencial sobre o tema.

Pois bem. A jurisprudência majoritária tem entendido de forma pacífica, que no assalto a um coletivo, quando o ladrão anuncia o roubo e subtrai os pertences de vários passageiros, o juiz deve apor a regra do concurso formal próprio, ou seja, aplicar a pena de um só crime, o mais grave, aumentando-a de 1/6 até a metade (HC 197.684/RJ, Rel. Min. Sebastião Reis Júnior, Sexta Turma, julgado em 18/06/2012). (Habeas Corpus n° 24332 – RJ, 5ª Turma, Rel. Min. FELIS FISCHER, j. 06/05/2003, D.J.U. de 23/06/2003, p. 399) e outros.

Pedindo vênia ao entendimento jurisprudencial, vez que o mesmo se encontra devidamente equivocado, já que essa interpretação logicamente viola a parte final do disposto no Artigo 70 do CP, porque neste caso estamos diante da ocorrência do concurso formal impróprio. Explico.

O ato de praticar o assalto ao transporte coletivo já nasce na mente do delinquente. A partir do momento em que ele resolve realizar o roubo ao ônibus, em sua mente projeta desígnios autônomos, porque logicamente tem a intenção de subtrair para si os objetos pertencentes ao proprietário do coletivo e aos passageiros (vítimas distintas), com aquela única ação delituosa.

Conforme prediz a segunda parte do Artigo 70 do Código Penal "...As penas aplicam-se, entretanto, cumulativamente, se a ação ou omissão é dolosa e os crimes concorrentes resultam de desígnios autônomos, consoante o disposto no artigo anterior". É a ocorrência típica do concurso formal impróprio.

Por isso, na ocorrência dos crimes de roubos cometidos em coletivos, estaremos diante do fato típico do concurso formal impróprio e as penas devem ser somadas, já que o autor tinha desígnios autônomos de cometer, com uma só ação, os vários assaltos a vítimas distintas, não havendo que se falar em concurso formal próprio.

Capítulo 18

O estupro marital na atualidade é possível?

O sexo é a mola propulsora do casamento. Depois do amor, é o segundo elemento que dá sustância ao relacionamento conjugal, pois sem ele, o casamento não subsiste.

Tenho que o sexo é o tempero do casamento. Quando o casal está mal na cama todo o entorno vai mal também. Sem ele, o relacionamento acaba e no máximo pode subsistir uma "amizade".

Ninguém casa para ser só amigo do outro. Casa-se para amar e ter relação sexual, enfim, dar e sentir prazer, além de procriar. Isso faz parte da natureza humana, não há como negar.

Mas, o tempo é o verdadeiro inimigo da relação conjugal e se o casal não vigiar, o matrimônio tende ao fracasso. Com o tempo o número de relação sexual no casamento diminui e isso tem sido um dos principais problemas, principalmente para o homem.

Necessitado de sexo, o homem não se contenta com essa diminuição na relação e por conta disso, pode agir como um ser irracional em prol de seu desejo natural.

Pegar a esposa na marra seria a solução para satisfazer esse impulso sexual e tal atitude constituiria em um ato lícito ou ilícito? Se assim agir estaria o marido cometendo estupro contra a sua esposa ou simplesmente estaria amparado pelo exercício regular do direito, já que o sexo é requisito indispensável no contrato conjugal, de acordo com o Direito Civil? (art. 1.566. Inciso II e III). É possível haver o crime de estupro na relação conjugal entre marido e mulher?

Pensando nisso, resolvi trazer neste capítulo um breve estudo, haja vista ser muito pertinente, para trazer ao amigo leitor um esclarecimento sobre o caso.

Pois bem. A discussão sobre a possibilidade da ocorrência do crime do estupro entre pessoas casadas teve origem há muitos anos e ainda hoje se debate. Muitos doutrinadores rejeitam essa possibilidade, a exemplo de Nelson Hungria e Magalhães de Noronha, enquanto que outros, a exemplo de Damásio e Mirabete, bem como este autor, asseguram que é possível sim.

O Código Penal brasileiro utiliza-se de normas objetivas, visando à proteção de certos bens jurídicos, independentemente da pessoa e de seu titular. O objeto tutelado pelo ordenamento jurídico no crime de estupro é justamente a liberdade sexual das pessoas, ou seja, procura-se defender as escolhas e disposições, no aspecto sexual, que o indivíduo faz do próprio corpo.

O Artigo 213 do Código Penal traz o seguinte enunciado:
"Constranger alguém, mediante violência ou grave ameaça, a ter conjunção carnal ou a praticar ou permitir que com ele se pratique outro ato libidinoso: Pena - reclusão, de 6 (seis) a 10 (dez) anos".

Observe que de acordo com o dispositivo legal acima referido, só há estupro quando o agente constranger (obrigar ou coagir) alguém à prática da conjunção carnal, mediante emprego de violência ou grave ameaça, ou seja, o delito só poderá ser configurado quando a vítima não quiser praticar a conjunção carnal com o agente, não importa se é casado ou não.

O Direito Penal é muito objetivo e o ordenamento jurídico defende a liberdade sexual da pessoa, de forma que o indivíduo possa escolher quando, como e com quem quer praticar sexo. Não há qualquer menção no Código Penal sobre escusas no crime de estupro quando este for casado com a vítima.

Não é mais aceitável aquela ideia antiga de que não é possível que o marido cometa estupro contra a própria esposa porque este detém sobre ela o direito de exigir a prática da conjunção carnal com ele, baseado nas obrigações matrimoniais asseguradas no Direito Civil (art. 1.566. Inciso II e III). Lógico que isso não existe mais no mundo moderno. O cônjuge não é obrigado a transar com o marido na hora que ele bem quer. Tem que haver consentimento desta.

Se a esposa ou o marido está faltando com as obrigações sexuais; se o relacionamento está frio, falido ou prestes ao fracasso, partam para o divórcio.

Pois é. A recusa da esposa em praticar o sexo não dá o direito de o marido lhe estuprar, mas sim, de exigir, se for o caso, o término da sociedade conjugal na esfera civil, por infração a um dos deveres do casamento. Isso é fato. Pegá-la apulso jamais, porque tal atitude é incompatível com a dignidade da mulher.

Se o marido quiser praticar o ato sexual com sua esposa e esta não lhe permitir e mesmo assim ele resolve pegá-la a força, estará cometendo sim o crime de estupro, configurando-se, neste caso, a elementar do tipo penal descrita no Artigo 213 do Código Penal e terá, inclusive, a pena aumentada da metade, nos termos do Inciso II, do Artigo 226 do mesmo diploma legal.

É verdade, o estupro cometido no relacionamento conjugal deve ter uma das causas de aumento de pena, podendo o agente ativo ser condenado a uma reprimenda de 15 anos de reclusão (em caso de estupro simples).

Note que o dispositivo legal é objetivo com relação a esse tipo de conduta, não restando dúvida alguma acerca do tema.

Diante do exposto, conclui-se que é possível sim a ocorrência do estupro marital, porque com o advento da Constituição da República de 1988, as mulheres tiveram seus direitos equiparados aos dos homens e protegidos pelo ordenamento jurídico brasileiro.

A existência de relacionamento amoroso entre vítima e agressor não tem o condão de excluir a ilicitude do fato, uma vez que, embora a relação sexual seja lícita ao cônjuge, o constrangimento ilegal para realizar a conjunção carnal à força não constitui exercício regular de direito, sendo a relação sexual mantida à força pelo marido contra a esposa ato incompatível com a dignidade da mulher.

Se um crime contra os costumes viola a liberdade sexual da pessoa, ele viola os direitos de homens e de mulheres indistintamente, não importando a relação de parentesco ou de amizade que a vítima tenha com o sujeito ativo.

Com a reforma do Código Penal ocorrida em 2005, através da Lei 11.106, o crime de estupro cometido no casamento passou a ter a pena aumentada de até a metade, o que se mostra cabalmente relevante e proporcional no mundo moderno.

Quando o ato sexual espontâneo não ocorre mais no casamento é porque este já faliu há muito tempo e isso não dá o direito de o outro pegá-la na marra. Se isto ocorrer, caracterizada estará a ocorrência do crime de estupro, descrito na elementar do tipo penal do art. 213 do Código Penal.

Capítulo 19

O Direito Penal e os diversos crimes de falsificações

I - Da Falsificação de Documento Público
Artigo 296 do CP

Importante neste caso, em primeiro momento, fazer uma conceituação do que realmente seria um documento público e um documento particular.

Resumidamente, posso dizer que documento público, é todo o documento confeccionado por servidor público (órgão público), no exercício de sua função e de acordo com a legislação que lhe é pertinente.

Já o documento particular, por exclusão, é o que não é confeccionado por órgão público, ou seja, é o documento que não goza da qualidade de público.

Assim considerando, o documento público passível de falsificação, a ser estudado neste artigo, deve ser aquele a que se atribui alguma eficácia probatória ou que possua relevância jurídica.

Assim, com o intuito de diferenciar uma falsidade material de uma falsidade ideológica, concluo que:

Na falsidade ideológica a ideia constante do documento é falsa, sendo este, no entanto, verdadeiro, ou seja, o documento é verdadeiro, mas ele nasce com informações falsas fornecidas pelo titular (ex: o cara que vai ao IITB tirar uma identidade em nome dele, mas leva consigo o registro de nascimento do seu irmão, e essa carteira de identidade é emitida de forma legal pelo instituto, mas com informações falsas. Um 2º exemplo, é o cara que vai tirar uma segunda via do registro de nascimento e faz constar a sua data e nascimento errada, o chamado gato do futebol. A certidão é emitida por um órgão legal, mas os dados foram fornecidos falsamente.

Veja que nos dois exemplos os documentos são verdadeiros, mas as informações repassadas são falsas, por isso a caracterização da falsidade ideológica.

Já a falsidade material, o próprio documento é que é forjado total ou parcialmente, ou seja, ele não é emitido por um órgão competente, mas é fabricado por uma pessoa qualquer, nascendo, desde então ilegítimo. Ex: o cara que querendo se passar por um oficial de justiça fabrica uma carteira de oficial de justiça e começa a utilizá-la, dando carteirada.

Ou até mesmo uma pessoa que possuindo uma carteira de habilitação legítima, mas que teve a validade vencida resolve alterar essa data de validade, caracterizando, assim, a falsidade material, por que a falsificação, seja total ou parcial, foi feita pela pessoa diretamente.

Classificação doutrinária

É um crime comum, doloso, não havendo previsão legal para a modalidade culposa, comissivo, podendo ser também omisso impróprio, na hipótese de o agente gozar de status de garantidor, de forma livre e de forma vinculada, tiver conhecimento de que alguém está para cometer esse tipo de crime, podendo fazer alguma coisa para evitar, nada faça para isso.

Sujeito ativo e passivo

Crime comum com relação ao sujeito ativo, ou seja, pode ser praticado por qualquer pessoa. Já com relação ao sujeito passivo, é o estado ou qualquer pessoa que foi diretamente prejudicada com a falsificação do documento público.

É importante salientar, que se o crime for praticado por servidor público que se prevalece do cargo para a falsificação, a pena será aumentada de sexta parte, nos termos do § 1º, do citado artigo.

Se ele for servidor público qualquer, mas que o cargo que exerça não tenha nada a ver com o documento falsificado, não terá a pena aumentada, pois tem que se prevalecer do cargo para a realização da falsificação. Observe isso.

O bem juridicamente protegido é a fé pública, já o objeto material protegido é o documento público falsificado, no todo ou em parte pelo agente.

Momento consumativo:
Este crime se consuma quando o agente pratica qualquer dos comportamentos previstos no tipo penal.

Neste tipo de crime, admite-se a tentativa.
A elementar subjetiva é o dolo, pois neste tipo de crime não se admite a modalidade culposa. A ação penal é publica incondicionada.

É importante destacar, que o agente que falsifica o documento público e faz uso deste documento, não pode ser penalizado por crime de uso de documento falso, porque o crime meio deverá ser absorvido pelo crime fim. Neste caso ele só responde pelo crime de falsificação de documento público.

Divergência doutrinária:
Existem algumas divergências entre os doutrinadores, com relação a falsificação de documento público utilizada com o fim de praticar o crime de estelionato.

Parte da doutrina afirma que nesse caso, pode-se enquadrar o agente no concurso de crimes, nos termos do Artigo 69 do CP, respondendo, assim, pelos dois crimes praticados e eu me filio a esta, pois se o agente praticou o crime de falsificação de documento público (falsificou a identidade ou o CPF com o intuito de praticar o crime de estelionato, efetuando várias compras no comércio, e é pego cometendo este último crime, logicamente deverá responder pelo concurso material de crimes (cumulativo), nos termos do Artigo 69 do CP, devendo ser penalizado pelos dois crimes.

Já tem outra parte da doutrina que diz que neste caso, deverá ser reconhecido o concurso formal compreendido no artigo 70 do CP (1ª parte), aplicando-se a pena mais grave. Exasperação. Não concordo com esta, pois o agente estaria se beneficiando.

Já outra parte da doutrina entende, que pelo fato de o crime de falsificação ter a pena mais grave, já absorve a pena e a conduta do crime de estelionato (consunção). Este é o entendimento do professor Marco, que eu discordo dele.

Como dito acima, me filio à primeira posição doutrinária.

II - Da Falsificação de Documento Particular
Artigo 297 do CP

Conforme dito no estudo do Artigo 297, o documento particular é o que não é confeccionado por órgão público, ou seja, é o documento que não goza da qualidade de público.

Desse modo, o documento particular passível de falsificação, deve ser aquele a que se atribui alguma eficácia probatória ou que possua relevância jurídica.

A diferença básica existente entre os delitos tipificados nos Artigo 297 e 298, encontra-se no objeto material, pois no art. 297 o documento é público e no art. 297, o documento é privado.

Assim considerando, tudo o que foi dito acima com relação ao delito tipificado no artigo 297, aplica-se também ao artigo 298.

O único destaque que faço com relação a este crime, é que se o próprio autor da falsificação do documento particular fizer uso deste, não se cogitará de concurso de crimes, devendo responder tão somente pelo crime de uso de documento particular falsificado, tipificado no Artigo 304 do CP, onde estudaremos a posterior.

Com relação a falsificação do documento particular para fins de cometer crime de estelionato, mantenho o mesmo posicionamento elencado na divergência doutrinária estudada no artigo 297. (ele responde pelo concurso de crimes material – art. 69).

III - Da Falsidade Ideológica
Artigo 299 do CP

De início, antes de adentrarmos nas elementares deste tipo penal, cabe registrar, que ao contrário do que ocorre nos delitos elencados nos Artigos 297 e 298 estudados acima, que tratam especificamente da falsidade de natureza material, a falsidade de que trata o Artigo 299 do CP é de cunho ideológico.

Assim, neste caso, significa que o documento em si é perfeito e verdadeiro, mas a idéia, no entanto, nele lançada é que é falsa, por isso denomina-se falsidade ideológica (ex: o cara que vai ao IITB tirar uma identidade em nome dele, mas leva consigo o registro de nascimento do seu irmão, e essa carteira de identidade é emitida de forma legal pelo instituto, mas com informações falsas.

Um 2º exemplo é o cara que vai tirar uma segunda via do registro de nascimento e faz constar a sua data e nascimento errada, o chamado gato do futebol. A certidão é emitida por um órgão legal, mas os dados foram fornecidos falsamente. Veja que nos dois exemplos os documentos são verdadeiros, mas as informações repassadas são falsas, por isso a caracterização da falsidade ideológica.

Para que ocorra a infração penal da falsidade ideológica, exige-se que a falsidade ideológica tenha finalidade de prejudicar direito, criar obrigação ou alterar a verdade sobre fato juridicamente relevante.

Classificação Doutrinária:

Trata-se de crime comum, tanto com relação ao sujeito ativo como passivo; doloso, não havendo previsão legal para a modalidade culposa, comissivo, podendo ser também omisso impróprio, na hipótese de o agente gozar de status de garantidor, de forma livre e de forma vinculada, tiver conhecimento de que alguém está para cometer esse tipo de crime, podendo fazer alguma coisa para evitar, nada faça para isso. A forma é livre.

Sujeito ativo e passivo

Crime comum com relação ao sujeito ativo, ou seja, pode ser praticado por qualquer pessoa. Já com relação ao sujeito passivo, é o estado ou qualquer pessoa que foi diretamente prejudicada com a falsificação do documento público.

O bem juridicamente protegido é a fé pública, já o objeto material protegido é o documento público ou particular falsificado no todo ou em parte pelo agente, com o fim de prejudicar direito, criar obrigação ou alterar a verdade sobre fato juridicamente relevante.

Momento consumativo:

Ocorre em dois momentos:

1) Quando o agente omite em documento público, declaração de que dele deveria constar, em virtude da sua omissão dolosa (1º verbo do artigo).

2) Ou quando o agente insere ou faz inserir, em documento público ou privado, sem a declaração de que dele deveria constar, em virtude da sua omissão dolosa.

É importante destacar, que em ambas as situações, o agente deverá atuar com o fim de prejudicar direito, criar obrigação ou alterar a verdade sobre fato juridicamente relevante.

O elemento subjetivo é o dolo, não havendo previsão legal para a modalidade culposa.

Causa de aumento de pena – Parágrafo Único do Artigo 299.

Nos termos do parágrafo acima citado, se o crime for praticado por servidor público que se prevalece do cargo para a falsificação, a pena será aumentada de sexta parte.

Mas, se ele for servidor público qualquer, mas que o cargo que exerça não tenha nada a ver com o documento falsificado, não terá a pena aumentada, pois tem que se prevalecer do cargo para a realização da falsificação, pois esta é a exigência legal.

Do uso do documento ideologicamente falso

Diante do exposto, cabe a pergunta: e se o agente fizer uso do documento ideologicamente falsificado, haverá concurso de crime, como vimos no crime de falsificação material de documento?

A maioria dos doutrinadores acredita que não, devendo tão somente o agente responder pelo crime fim, que é o uso de documento falso tipificado no artigo 304 do CP. Eu entendo do mesmo jeito. Até porque a intenção do agente é só de utilizar o documento falso.

É importante registrar ainda, que se a falsificação for grosseira, porém não vier prejudicar direito, nem criar obrigações ou alterar a verdade sobre fato juridicamente relevante, como requer a tipificação do artigo 299, o agente não será penalizado pela prática. Porque há necessidade de que o falso tenha um mínimo de idoneidade para enganar.

Falsidade ideológica e sonegação fiscal.

Conforme diz a doutrina, existe uma lei específica que trata das ilicitudes em comento, por isso, se o agente cometer as elementares objetivas descritas do tipo mencionados no Artigo 299 do CP, não responderá por elas, mas sim nos termos da Lei 8.137/1990, que regula sobre os crimes de sonegação fiscal.

Sabemos que lei especial, prevalece sobre lei geral, por isso, o agente responderá, neste caso, pelo crime de sonegação fiscal, nos termos daquela lei especial.

Falsidade ideológica e estelionato

Ocorrem as mesmas explicações que fiz no crime de falsidade de documento público, quais sejam:

Parte da doutrina afirma que nesse caso pode-se enquadrar o agente no concurso de crimes, nos termos do Artigo 69 do CP, respondendo, assim, pelos dois crimes praticados e eu me filio a esta, pois se o agente praticou o crime de falsidade ideológica (com o intuito de praticar o crime de estelionato, efetuando várias compras no comércio, e é pego cometendo este último crime, logicamente deverá responder pelo concurso material de crimes (cumulativo), nos termos do Artigo 69 do CP, devendo ser penalizado pelos dois crimes.

Já tem outra parte da doutrina que diz que neste caso, deverá ser reconhecido o concurso formal compreendido no artigo 70 do CP (1ª parte), aplicando-se a pena mais grave. Exasperação. Não concordo com esta, pois o agente estaria se beneficiando.

Já outra parte da doutrina entende, que pelo fato de o crime de falsificação ter a pena mais grave, já absorve a pena e a conduta do crime de estelionato (consunção). Este é o entendimento do professor Marco, que eu discordo dele.

Como dito acima, meu entendimento é pelo concurso material.

Declaração falsa para efeitos de instrução de pedido de remição:

Nos termos do Artigo 130 do CP, o condenado que cumpre pena em regime fechado ou semiaberto, poderá remir pelo trabalho parte do tempo da execução de sua pena dessa forma, se ele declarar falsamente nos autos os dias trabalhados, com o fito de obter a remição indevida, responderá pelo crime de falsidade ideológica. Se o agente penitenciário emitir declaração falsa em favor deste, respondem os dois.

IV - Do crime de Falso reconhecimento de firma ou letra
Artigo 300 do CP

Art. 300 - Reconhecer, como verdadeira, no exercício de função pública, firma ou letra que o não seja:

Pena - reclusão, de um a cinco anos, e multa, se o documento é público; e de um a três anos, e multa, se o documento é particular

Neste caso estamos diante de um crime próprio, pois só pode ser cometido por funcionário, no exercício de sua função pública.

Pois bem. O reconhecimento levado a efeito pelo agente tem como objeto material firma ou letra que não seja verdadeira, ou seja, o agente reconhece como verdadeira, uma firma falsa (assinatura no cartório), como sendo verdadeira, atingindo com o seu comportamento, a fé pública.

O núcleo reconhecer deve ser entendido no sentido de atestar, declarar, afirmar, com verdadeira, sendo falsa.

Esse reconhecimento deve ser praticado por funcionário que esteja no uso de sua função pública, pois se este estiver de férias, ou afastado de suas funções, não responde pelo crime de falso reconhecimento de firma ou letra, podendo, assim, ser responsabilizado pelo crime de falsidade ideológica.

Classificação doutrinária
Trata-se de crime próprio com relação ao sujeito ativo, conforme dito acima, e crime comum, com relação ao sujeito passivo; doloso, não havendo previsão legal para a modalidade culposa, comissivo, podendo ser também omisso impróprio, na hipótese de o agente gozar de status de garantidor, de forma livre e de forma vinculada, tiver conhecimento de que alguém está para cometer esse tipo de crime, podendo fazer alguma coisa para evitar, nada faça para isso.

Objeto material e bem juridicamente protegido
O bem jurídico protegido é a fé pública, e o objeto material é a firma ou a letra reconhecida falsamente pelo agente.

Momento consumativo
Quando o agente reconhece a firma ou a letra falsa, com sendo verdadeira. Admite-se a tentativa.

Elementar subjetiva
Só admite-se o dolo, não havendo previsão legal para a modalidade culposa, portanto, se o funcionário que, por descuido, negligencia, vier a reconhecer como verdadeira, firma ou letra falsa, não poderá ser responsabilizado pelo delito em estudo.

V - Certidão ou atestado ideologicamente falso – Falsidade material de atestado ou certidão - Artigo 301 do CP.

Art. 301 - Atestar ou certificar falsamente, em razão de função pública, fato ou circunstância que habilite alguém a obter cargo público, isenção de ônus ou de serviço de caráter público, ou qualquer outra vantagem:

Pena - detenção, de dois meses a um ano.

Falsidade material de atestado ou certidão

§ 1º - Falsificar, no todo ou em parte, atestado ou certidão, ou alterar o teor de certidão ou de atestado verdadeiro, para prova de fato ou circunstância que habilite alguém a obter cargo público, isenção de ônus ou de serviço de caráter público, ou qualquer outra vantagem:

Pena - detenção, de três meses a dois anos.

§ 2º - Se o crime é praticado com o fim de lucro, aplica-se, além da pena privativa de liberdade, a de multa.

Para que ocorra a infração penal em estudo, e necessário que o atestado ou a certidão seja sobre fato ou circunstância que habilite alguém a obter cargo público, como na hipótese de ser expedida certidão de antecedentes criminais narrando que a pessoa não responde a processos, mas na verdade esta já havia sido condenada; isenção de ônus ou de serviço de caráter público, ou qualquer outra vantagem.

Já o § 1º do artigo acima, trata da falsidade material de atestado ou certidão.
Aqui é diferente do que ocorre no caput deste artigo. Naquele, a certidão ou declaração é emitida por agente público (crime próprio), enquanto que neste tipo de crime, a falsificação é cometida pelo próprio agente, tratando-se de crime comum,

que pode ser praticado por qualquer pessoa. Neste caso, o agente cria o documento, imitando o verdadeiro.

Classificação doutrinária

Trata-se de crime próprio com relação ao sujeito ativo, com relação ao caput do artigo e crime comum, com relação ao sujeito ativo, com relação ao § 1º do referido artigo, conforme dito acima, e crime comum, com relação ao sujeito passivo, podendo ser o estado ou qualquer pessoa que tenha sido lesada com a falsificação; doloso, não havendo previsão legal para a modalidade culposa, comissivo, podendo ser também omisso impróprio, na hipótese de o agente gozar de status de garantidor, de forma livre e de forma vinculada, tiver conhecimento de que alguém está para cometer esse tipo de crime, podendo fazer alguma coisa para evitar, nada faça para isso.

Momento consumativo

Por se tratar de crime formal, consuma-se no momento em que o documento falso é criado, ou seja, no momento em que o agente falsifica a certidão ou o atestado, seja total ou parcialmente, ou altera o seu teor, independente de sua utilização. Falsificou, mesmo sem utilizá-lo, já está consumado o crime.

Elementar subjetiva

Só se admite o dolo, não havendo previsão legal para modalidade culposa.

A ação penal é publica incondicionada e a competência para processar e julgar a ação é do juizado especial criminal, porque a pena não ultrapassa 01 ano no caput do artigo e não ultrapassa dois anos, no § 1º do mesmo artigo.

VI - Falsidade de atestado médico
Artigo 302 do CP

Art. 302 - Dar o médico, no exercício da sua profissão, atestado falso:

Pena - detenção, de um mês a um ano.

Parágrafo único - Se o crime é cometido com o fim de lucro, aplica-se também multa.

Para que ocorra este tipo de delito, o médico deve fornecer um atestado que diga respeito ao exercício da sua profissão (médico particular), seja ou não especializado em determinado segmento da medicina, sobre o qual foi atestado.

Assim, o médico especialista em cardiologia pode fornecer um atestado falso, informando sobre dados que dizem respeito a ginecologia, por exemplo.

Neste caso, a falsidade deve versar sobre existência ou não existência de alguma enfermidade do indivíduo a que se destina o atestado.

Classificação doutrinária

Crime próprio com relação ao sujeito ativo e comum, com relação ao sujeito passivo. Doloso, não havendo previsão legal para a modalidade culposa, comissivo, podendo ser também omisso impróprio, na hipótese de o agente gozar de status de garantidor, de forma vinculada, pois só poderá ser praticado pelo médico que estiver no exercício de sua profissão.

Objeto material e bem juridicamente protegido

O bem jurídico protegido é a fé pública, e o objeto material é o atestado falso fornecido pelo médico, no exercício de sua profissão.

Momento consumativo

O crime se consuma com a entrega do atestado falso pelo médico, independentemente se o agente utilizá-lo.

Elementar subjetiva

Só se admite o dolo, não havendo previsão legal para a modalidade culposa, porém, se o médico emite um atestado, confiando na palavra do paciente de que está sentindo os sintomas falsos e sem fazer o exame necessário pela sua negligência, atesta a doença falsa, não responderá pela desídia, pois não houve dolo neste caso.

A ação penal é publica incondicionada e a competência para processar e julgar a ação é do juizado especial criminal, porque a pena não ultrapassa 01 ano.

Importante lembrete:

Caso o médico seja funcionário público, se por ventura vier a atestar falsamente, incorrerá nas penas previstas no Artigo 301 do CP, e não nas sanções previstas neste artigo. Preste atenção nisso.

VII - Uso de Documento Falso
Artigo 304 do CP

Art. 304 - Fazer uso de qualquer dos papéis falsificados ou alterados, a que se referem os artigos. 297 a 302:

Pena - a cominada à falsificação ou à alteração

Para verificar as aplicação deste artigo, é necessário que o amigo leitor retorne aos artigos 297 ao 302 do CP acima estudado, para aferir a tipicidade da conduta praticada pelo agente.

Pois bem. Fazer uso significa efetivamente utilizar o documento falsificado, seja ele público ou particular.

Classificação doutrinária

Trata-se de crime comum, tanto com relação ao sujeito ativo como passivo; doloso, não havendo previsão legal para a modalidade culposa, comissivo, podendo ser também omisso impróprio, na hipótese de o agente gozar de status de garantidor, de forma livre e de forma vinculada, tiver conhecimento de que alguém está para cometer esse tipo de crime, podendo fazer alguma coisa para evitar, nada faça para isso.

Sujeitos do delito

Ativo: Qualquer pessoa pode ser, por conseguinte, crime comum.

Sujeito passivo: o Estado ou qualquer pessoa que tenha sido lesada com o comportamento ilícito praticado pelo agente.

O bem jurídico protegido é a fé pública, e o objeto material é qualquer dos papéis falsificados que se referem os artigos 297 a 302.

Momento consumativo

Quando o agente efetivamente utiliza qualquer dos papeis falsificados elencados nos artigos 297 ao 302. Utilizou, dançou, já está consumado.

Elementar subjetiva é o dolo, pois este tipo de crime não admite a modalidade culposa.

É importante destacar, que se o agente não faz uso do documento falso, não pode ser enquadrado nessa tipificação penal.

Por exemplo: se o agente vai andando pela rua e de repente é admoestado pela polícia, sendo acometido por uma revista policial e no bolso deste é encontrado o documento falsificado, o mesmo não pode ser responsabilizado pelo crime de uso de documento falos, por que há necessidade de que o agente faça uso do documento falso.

Logicamente se o agente não foi o autor do crime de falsificação material ou ideológica. Porque se foi, responderá pelo outro crime de falsificação e não pelo de uso.

Falsificação ou alteração do documento e uso pelo próprio agente
Há divergências, tanto na doutrina, quanto na jurisprudência.

Uma parte afirma, que se o documento falso encontrado em poder do agente foi falsificado por ele, não pode haver o concurso de crimes, devendo este responder pelo crime fim, que é o de uso de documento.

Já há entendimentos contrários de que realmente há concurso de crime.

Ouso me filiar a corrente que assegura não há o concurso de crimes, pois o crime fim absorve realmente o crime meio neste caso, respondendo agente, pelo crime de uso de documento, falso tão somente.

Uso de documento falso e estelionato
Reafirmo a mesma posição enfrentada anteriormente acima. Neste caso, pode-se enquadrar o agente no concurso de crimes, nos termos do Artigo 69 do CP, respondendo, assim, pelos dois crimes praticados, pois se o agente utilizou o documento falso com o intuito de praticar o crime de estelionato, efetuando várias compras no comércio, e é pego cometendo este último crime, logicamente deverá responder pelo concurso material de crimes (cumulativo), nos termos do Artigo 69 do CP, devendo ser penalizado pelos dois crimes. Pau nele.

Capítulo 20

Supressão de documentos
Artigo 305 do CP

Art. 305 - Destruir, suprimir ou ocultar, em benefício próprio ou de outrem, ou em prejuízo alheio, documento público ou particular verdadeiro, de que não podia dispor:

Pena - reclusão, de dois a seis anos, e multa, se o documento é público, e reclusão, de um a cinco anos, e multa, se o documento é particular.

Pois bem. Neste tipo de crime, que é comum, não importa se o documento tenha sido confiado ao agente ou que ele tenha se apoderado ilicitamente, com o fim de praticar qualquer um dos comportamentos previstos no tipo penal.

O fundamental é que o documento que tenha sido destruído, suprimido ou ocultado, possa, de alguma forma, trazer benefício ao agente ou a terceiro, ou causar prejuízo a outrem.

Classificação doutrinária
Crime comum, com relação ao sujeito ativo e passivo; doloso, não havendo previsão legal para a modalidade culposa.

Objeto material e bem juridicamente protegido
O bem jurídico protegido é a fé pública, e o objeto material é o documento público ou particular verdadeiro de que não podia dispor o agente.

Momento consumativo

O crime se consuma quando o agente pratica qualquer uma das elementares objetivas do tipo. Destruiu, suprimiu ou ocultou, já era, consumou.

Elementar subjetiva

O dolo é o elemento subjetivo, não havendo previsão legal para a modalidade culposa, porque a conduta do agente deve ser dirigida no sentido de trazer benefício para ele ou pra terceiro, ou até causar prejuízo a outrem. Por isso há o dolo, pois o agente quer atingir o resultado.

Falsificação do sinal empregado no contraste de metal precioso ou na fiscalização alfandegária, ou para outros fins – Artigo 306 do CP

Art. 306 - Falsificar, fabricando-o ou alterando-o, marca ou sinal empregado pelo poder público no contraste de metal precioso ou na fiscalização alfandegária, ou usar marca ou sinal dessa natureza, falsificado por outrem:

Pena - reclusão, de dois a seis anos, e multa.

Parágrafo único - Se a marca ou sinal falsificado é o que usa a autoridade pública para o fim de fiscalização sanitária, ou para autenticar ou encerrar determinados objetos, ou comprovar o cumprimento de formalidade legal:

Pena - reclusão ou detenção, de um a três anos, e multa.

Classificação doutrinária

Crime comum, com relação ao sujeito ativo e passivo; doloso, não havendo previsão legal para a modalidade culposa.

Objeto material e bem juridicamente protegido

O bem jurídico protegido é a fé pública, e o objeto material é a marca ou sinal empregado pelo poder público no contraste de metal precioso ou na fiscalização alfandegária.

Momento consumativo

O crime se consuma com a falsificação, seja por fabricação ou alteração da marca ou sinal empregado pelo poder público no contraste de metal precioso ou na fiscalização alfandegária ou com o uso efetivo dessa natureza, falsificado por outrem.

Admite-se também a forma tentada.

Elementar subjetiva

O dolo é o elemento subjetivo, não havendo previsão legal para a modalidade culposa. Por isso há o dolo, pois o agente quer atingir o resultado.

Modalidade privilegiada:

Nos termos do Parágrafo Único do referido artigo, onde diz que "Se a marca ou sinal falsificado é o que usa a autoridade pública para o fim de fiscalização sanitária, ou para autenticar ou encerrar determinados objetos, ou comprovar o cumprimento de formalidade legal, a Pena é de reclusão ou detenção, de um a três anos, e multa".

Capítulo 21

Falsa identidade
Artigo 307 do CP

Art. 307 - Atribuir-se ou atribuir a terceiro falsa identidade para obter vantagem, em proveito próprio ou alheio, ou para causar dano a outrem:

Pena - detenção, de três meses a um ano, ou multa, se o fato não constitui elemento de crime mais grave.

Pois bem. Por identidade, deve-se entender o conjunto de caracteres próprios de uma pessoa que permite identificá-la e distingui-la das demais.

Neste tipo penal, a lei proíbe e pune a auto-atribuirão falsa ou a atribuição falsa de terceiro, ou seja, do agente que se identifica incorretamente com os dados que não lhes são próprios, ou atua da mesma forma, atribuindo esses falsos dados a terceira pessoa.

Ex: o cara se faz passar por pastor, padre, sem o ser, mas com a intenção de obter vantagem em proveito próprio ou alheio ou até mesmo para causar dano a outrem.

Logicamente deve ser observado se a conduta do agente é voltada a obter vantagem em proveito próprio ou alheio ou até mesmo para causar dano a outrem. E essa vantagem não deve ser de cunho econômico. Porque se assim for, o agente não responderá por esse crime, mas pelo crime de estelionato. Preste atenção nessa condição.

Este crime é um crime subsidiário, ou seja, se o fato não constitui elemento de crime mais grave, ou seja, se o agente se faz passar por um falso médico ginecologista e realiza um exame de toque vaginal na vítima, sem ser médico, responderá ele pelo crime previsto no Artigo 215 do CP (Posse sexual mediante fraude).

Classificação doutrinária

Crime comum, com relação ao sujeito ativo e passivo; doloso, não havendo previsão legal para a modalidade culposa.

Objeto material e bem juridicamente protegido

O bem jurídico protegido é a fé pública, devendo ser destacado que neste caso, não há o objeto material.

Momento consumativo

Por se tratar de um crime formal, este se consuma já a partir do momento em que o agente atribui-se ou atribui a outrem identidade falsa para obter vantagem, em proveito próprio ou alheio, ou para causar dano a outrem.

Elemento subjetivo

O dolo é o elemento subjetivo, não havendo previsão legal para a modalidade culposa. Por isso há o dolo, pois o agente quer atingir o resultado.

Vale destacar, que não pratica o crime de falsa identidade, o agente que silencia quando lhe é imputada uma identidade que não coincide com a do mesmo, pois a elementar objetiva do tipo penal do Artigo 307, exige uma conduta positiva (atribuir-se). Se atribuíram a ele e ele silenciou, ele não tem culpa.

Capítulo 22

Uso de identidade alheia
Artigo 308 do CP

Art. 308 - Usar, como próprio, passaporte, título de eleitor, caderneta de reservista ou qualquer documento de identidade alheia ou ceder a outrem, para que dele se utilize documento dessa natureza, próprio ou de terceiro:

Pena - detenção, de quatro meses a dois anos, e multa, se o fato não constitui elemento de crime mais grave.

Neste tipo de infração penal, incorre nas mesmas elementares, tanto quem usa o documento alheio, quanto quem empresta o documento, sabendo que o outro sujeito utilizará o documento fazendo-se passar por este. Preste atenção nisso.

É necessário que o agente utilize o documento de outrem, ou que o outro empreste.

Classificação doutrinária
Crime comum, com relação ao sujeito ativo e passivo; doloso, não havendo previsão legal para a modalidade culposa.

Objeto material e bem juridicamente protegido
O bem jurídico protegido é a fé pública, e o objeto material é passaporte, o título de eleitor, a caderneta de reservista ou qualquer documento de identidade alheia.

Momento consumativo

Na primeira elementar, o crime só se consuma quando o agente faz uso do documento alheio. Se ele é pego em uma blitz policial com o documento alheio no bolso e não faz uso deste na hora, não pode incorrer na pena, pela atipicidade da conduta. O simples ato de trazer consigo não caracteriza o crime em comento.

Já na segunda elementar, o crime se consuma quando o agente cede o documento, sabendo que este será utilizado pelo terceiro como se fosse a sua pessoa.

Elemento subjetivo

O dolo é o elemento subjetivo, não havendo previsão legal para a modalidade culposa. Por isso há o dolo, pois o agente quer atingir o resultado.

Este também é crime subsidiário, ou seja, se o fato não constitui elemento de crime mais grave; se o agente utiliza o documento alheio com a finalidade praticar um crime mais grave, responderá este, nas penas do artigo mais grave.

Capítulo 23

Fraude de Lei sobre estrangeiro
Artigo 309 do CP

Art. 309 - Usar o estrangeiro, para entrar ou permanecer no território nacional, nome que não é o seu:

Pena - detenção, de um a três anos, e multa.

Parágrafo único - Atribuir a estrangeiro, falsa qualidade para promover-lhe a entrada em território nacional:

Pena - reclusão, de um a quatro anos, e multa.

É importante esclarecer de início, que não é a simples utilização do nome falso pelo estrangeiro, que caracteriza o crime em estudo. Não! Na verdade, deverá o estrangeiro atuar com uma finalidade específica de entrar ou permanecer no país.

Classificação doutrinária
Crime próprio com relação ao sujeito ativo na primeira elementar do Caput do artigo e comum, no que diz respeito ao parágrafo único, pois que qualquer pessoa pode atribuir a estrangeiro a falsa qualidade. Com relação ao sujeito passivo é o estado. Doloso, não havendo previsão legal para a modalidade culposa.

Objeto material e bem juridicamente protegido
O bem jurídico protegido é a fé pública, e neste caso, não há o objeto material.

Momento consumativo

O crime se consuma, quando o estrangeiro utiliza o nome falso para permanecer ou sair do país.

Com relação a segunda parte (parágrafo único), o crime se consuma quando o agente atribui ao estrangeiro falso nome, mesmo sem este obter o resultado de permanecer ou sair do país.

Elemento subjetivo

Conforme dito acima, o dolo é o elemento subjetivo, não havendo previsão legal para a modalidade culposa. Por isso há o dolo, pois o agente quer atingir o resultado.

Capítulo 24

Falsidade em prejuízo da nacionalização de sociedade
Artigo 310 do CP

Art. 310 - Prestar-se a figurar como proprietário ou possuidor de ação, título ou valor pertencente a estrangeiro, nos casos em que a este é vedada por lei a propriedade ou a posse de tais bens:

Pena - detenção, de seis meses a três anos, e multa

Aqui, estamos diante de uma legislação penal em branco, devendo o intérprete conhecer o seu complemento, onde se encontram as proibições destinadas aos estrangeiros, a fim de que ela possa ser entendida e aplicada. Pois é.

Neste caso, o agente funciona como um "laranja", um "testa de ferro", como temos visto por aí, com o fim de burlar as proibições constantes no nosso ordenamento jurídico.

Classificação doutrinária
Crime comum, com relação ao sujeito ativo, pois qualquer pessoa brasileira pode ser sujeito ativo. Já o sujeito passivo é o estado ou a pessoa prejudicada com a ação delitiva. Doloso, não havendo previsão legal para a modalidade culposa.

Objeto material e bem juridicamente protegido
O bem jurídico protegido é a fé pública e o objeto material é a ação, título ou valor pertencente a estrangeiro, dos quais o agente simula ser proprietário ou possuidor.

Momento consumativo

O crime se consuma quando se dá a efetiva substituição de verdadeiro possuidor (quando o laranja se passa por dono).

Elemento subjetivo

Conforme dito acima, o dolo é o elemento subjetivo, não havendo previsão legal para a modalidade culposa. Por isso há o dolo, pois o agente quer atingir o resultado.

Capítulo 25

Adulteração de sinal identificador de veículo automotor
Artigo 311 do CP

Art. 311 - Adulterar ou remarcar número de chassi ou qualquer sinal identificador de veículo automotor, de seu componente ou equipamento:

Pena - reclusão, de três a seis anos, e multa.

§ 1º - Se o agente comete o crime no exercício da função pública ou em razão dela, a pena é aumentada de um terço.

§ 2º - Incorre nas mesmas penas o funcionário público que contribui para o licenciamento ou registro do veículo remarcado ou adulterado, fornecendo indevidamente material ou informação oficial.

A conduta do agente neste tipo de crime visa não permitir a identificação original do veículo automotor.

Classificação doutrinária
Crime comum, com relação ao sujeito ativo. Já o sujeito passivo é o estado ou a pessoa prejudicada com a ação delitiva. Doloso, não havendo previsão legal para a modalidade culposa.

Objeto material e bem juridicamente protegido
O bem jurídico protegido é a fé pública e o objeto material é o número do chassi ou qualquer sinal identificador de veículo automotor, de seu componente ou equipamento.

Consumação

O delito se consuma quando agente efetivamente faz a adulteração do chassi ou qualquer sinal identificador de veículo automotor, de seu componente ou equipamento. Admite-se a tentativa, quando ele inicia a ação delitiva, mas por circunstâncias alheias a sua vontade, não consegue obter o resultado (finalizar a adulteração).

Causa especial de aumento de pena

É a hipótese do § 1º, que diz que se o agente comete o crime no exercício da função pública ou em razão dela, a pena é aumentada de um terço.

Já a hipótese prevista no § 2º, traz uma hipótese de crime próprio, pois só pode ser cometido por funcionário público: § 2º - Incorre nas mesmas penas o funcionário público que contribui para o licenciamento ou registro do veículo remarcado ou adulterado, fornecendo indevidamente material ou informação oficial.

Neste caso, a conduta do funcionário público não é a de adulterar ou remarcar o chassi do veículo, mas apenas contribuir para que o agente tenha sucesso na adulteração perante o órgão de trânsito, quando este for fazer o pedido de licenciamento no DETRAN, por exemplo.

Aqui o funcionário público sabe que o veículo é adulterado, mas mesmo assim, no uso de suas atribuições, licencia o veículo, tornando-o legalizado.

Capítulo 26

Dos Crimes Contra a Administração Pública
Peculato

O primeiro tipo penal descrito dos crimes contra a administração pública, crime este praticado por servidor público contra a administração pública é o denominado de Peculato

Pois bem. **Tipificado no Artigo 312 do Código Penal**, o crime de peculato é um crime próprio com relação ao sujeito, pois só e somente só poderá ser cometido por funcionário público, que tem a posse do bem ou do dinheiro em função do cargo.

Para os fins penais, considera-se servidor público, quem embora em embora transitoriamente ou sem remuneração exerça cargo, emprego ou função pública, nos termos do Artigo 327 do CP.

É importante salientar, que os crimes previstos neste artigo são denominados de funcionais próprios (caput do artigo) e funcionais impróprios (§ 1º do artigo), uma vez que são crimes praticados por funcionários públicos no exercício de sua função.

Assim, o crime funcional próprio requer como elemento normativo a qualidade de funcionário público e na ausência desta elementar, o ato se torna atípico.

Por outro lado, o crime funcional impróprio é o que pode ser cometido também pelo particular, com a participação do funcionário público, neste caso (§ 1º do Artigo 312).

Dessa forma, o delito de peculato acima mencionado, pode ser definido, segundo a doutrina, como apropriação, desvio ou subtração da coisa móvel pública ou particular, praticado por funcionário público em razão do cargo ou valendo-se dessa qualidade.

O bem jurídico protegido neste tipo penal é o patrimônio público com a finalidade de preservar também a probidade administrativa. No primeiro objetiva-se zelar pelo normal funcionamento da administração pública e o segundo, procura-se proteger os bens móveis de propriedade do erário e o dever do funcionário em velar pelo patrimônio público.

O sujeito ativo do delito é o funcionário público ou o agente a ele equiparado (§ 1º do art. 327), sendo, portanto, um crime próprio, conforme dito acima. Aqui pode haver a comunicação elencada no art. 30 do CP, ao particular que participe como co-autor ou partícipe do delito (desde que, ao praticá-lo, tivesse ciência da condição de funcionário público do agente).

O sujeito passivo é o estado, ou seja, a administração pública. Podendo ser sujeito passivo secundário, o particular a que pertence o bem, dinheiro.

Tipicidade objetiva:
O núcleo do tipo é representado pelos verbos, apropriar e desviar. No primeiro, há o assenhoramento da coisa que se encontra na posse do agente, que passa a agir como se sue fosse.

Já o ato de desviar ocorre quando o agente ao invés de direcionar o bem ao seu destino comum promove o seu desencaminhamento dando-lhe destinação diversa, visando o seu próprio interesse ou de uma terceira pessoa. Podendo ser qualquer vantagem material ou moral.

Verifica-se que o objeto material da referida norma é o dinheiro, valor (qualquer documento conversível em dinheiro ou mercadoria) ou qualquer outro bem móvel.

Assim, se o funcionário público tem sob a sua responsabilidade dinheiro ou bem móvel pertencentes à administração pública, não pode deles se utilizar, ainda que por um breve momento,, sob pena de praticar o crime de peculato.

É importante salientar, que no peculato, exige como pressuposto material que o agente (funcionário) detenha a posse (direta ou indireta) da coisa a qual recai conduta delitiva.

Vale ressaltar ainda, que como a elementar normativa do tipo penal é clara, não basta apenas que o funcionário público seja simples funcionário público, é imprescindível que este receba o bem em face da atribuição legal que o cargo deste requer.

Porque se este for um simples funcionário público e apropriar-se de dinheiro ou bem móvel que não seja atribuído ao cargo que este exerça, incorrerá nas penas do crime de apropriação indébita.

A elementar subjetiva é o dolo, ou seja, a livre vontade consciente do agente de iniciar a conduta e querer o resultado do injusto.

Momento consumativo:
O crime resta consumado no momento em que o funcionário público dá ao bem, destinação diversa da determinada.

Vale ainda dizer, que o peculato é um crime funcional e é muito amplo, podendo ser subdividido em cinco modalidades, como aduz o nosso Código Penal:

Peculato-apropriação - Configura tal conduta delituosa quando o funcionário público se apropria, se apossa, toma para si o dinheiro, valor ou qualquer outro bem móvel, público ou particular, de que tenha a posse em razão do cargo;

Peculato-desvio – Nesta modalidade, o funcionário público aplica à coisa, da qual teve acesso em razão do seu cargo, destino diverso que lhe foi determinado, em benefício próprio ou de outrem.

Essas duas categorias supracitadas são também conhecidas como "Peculato próprio".

Peculato-furto – Neste, o funcionário público não tem a posse do objeto material (coisa móvel pública ou particular que esteja em custódia do Poder Público), como nas outras modalidades, mas subtrai ou facilita a subtração da coisa pública, valendo-se das facilidades proporcionadas pelo seu cargo, em proveito próprio ou alheio.

Peculato-culposo – Se configurará essa modalidade quando algum funcionário público responsável pela guarda da coisa pública, involuntariamente, acaba dando oportunidade para que outra pessoa a subtraia, devido à sua negligência, desatenção, descuido.

Se houver sido providenciado o ressarcimento, tanto pelo acusado, quanto por um terceiro, haverá a extinção da punibilidade penal, podendo o infrator sofrer ainda, eventualmente, alguma sanção administrativa. É o que diz o § 3º do Artigo 312.

Mas se o funcionário público condenado pelo crime de peculato-culposo repare o dano em momento posterior à sentença irrecorrível, sua pena se reduzirá à metade. É o que também consta no § 3º do Artigo 312.

É importante ressaltar também que o crime de peculato independe do processo administrativo instaurado contra o servidor.

A pena prevista para o crime de peculato, nas três primeiras modalidades, é de reclusão, de 2 (dois) a 12 (doze) anos, e multa; e de detenção, de 3 (três) meses a 1 (um) ano, no peculato culposo.

Peculato mediante erro de outrem

Art. 313 - Apropriar-se de dinheiro ou qualquer utilidade que, no exercício do cargo, recebeu por erro de outrem:

Pena - reclusão, de um a quatro anos, e multa.

Neste tipo de crime, o funcionário público se aproveita do erro da vítima para se apropriar do bem.

Aqui na verdade, trata-se de mais um crime próprio (cometido pelo funcionário público), que se apropria de um bem no exercício do cargo, agora decorrente de erro de outrem, se aproveitando do erro da vítima para se apropriar, seja sobre a coisa que é entregue, seja sobre a obrigação que deu causa à entrega, ou sobre a pessoa a quem se faz a entrega, isto é, a vítima entrega o bem ao funcionário público incompetente para recebê-lo e nesta ocasião, o funcionário público que recebeu a coisa silencia dolosamente, se aproveitando do erro da vítima e fica calado, se apoderando de tal bem.

Aqui é diferente do crime de peculato simples estudado acima, pois naquele, o funcionário público se apropria do bem, sem o erro da vítima, já neste depende da inocência (erro) da vítima, para se consumar.

É importante salientar, que para o crime em estudo ocorrer, tem que haver o erro voluntário da vítima, pois se esta vier a ser induzida a erro, não ocorrerá o criem de peculato mediante erro de outrem, mas haverá sim o crime de estelionato.

Objeto jurídico tutelado:
A administração pública no aspecto moral e material.

O objeto material do crime é o dinheiro ou qualquer utilidade que tenha recebido no exercício do cargo.

Sujeito ativo é o funcionário público, tratando-se de crime próprio. Mas o particular pode atuar com o partícipe do crime, respondendo também.

Sujeito passivo é o estado, ou seja, a administração pública. Mas de forma secundária o particular também pode atuar como sujeito passivo, haja vista ser ele que sofreu a lesão direta.

Elemento subjetivo é o dolo, ou seja, a livre vontade consciente do agente de praticar a conduta delitiva (dinheiro que recebeu por erro de outrem).

Momento consumativo:
O crime se consuma quando o funcionário público se apropria do bem como se seu fosse, e não com o mero recebimento do dinheiro.

Tentativa:
Segundo a doutrina (Capez) é admissível.

Causa de aumento de pena:
A pena aumentada de 1/3, quando o criem for cometido por funcionário público ocupante de cargo em comissão, função de direção, chefia ou assessoramento, conforme preceitua o § 2° do Artigo 327 do CP.

Capítulo 27

Inserção de dados falsos em sistema de informações

Art. 313-A. Inserir ou facilitar, o funcionário autorizado, a inserção de dados falsos, alterar ou excluir indevidamente dados corretos nos sistemas informatizados ou bancos de dados da Administração Pública com o fim de obter vantagem indevida para si ou para outrem ou para causar dano.

Pena - reclusão, de 2 (dois) a 12 (doze) anos, e multa.

Pois bem. Este dispositivo penal tem por objetividade proteger a administração pública no que se refere a segurança do seu conjunto de informações, inclusive no meio informatizado.

Assim, estamos diante de um crime de ação múltipla. (Inserir, facilitar, alterar ou excluir). A prática de várias ações configura delito único.

Desse modo, o crime configura-se com a mera manipulação incorreta dos dados, sem que isso acarrete a efetiva obtenção de vantagem indevida pelo agente.

Objeto material
São os dados, as informações pertencentes a administração pública, as quais constam ou devam constar no sistema de informatização ou banco de dados.

Sujeito ativo é o funcionário autorizado a realizar as operações no sistema de informação ou banco de dados da administração. Por isso estamos diante de um crime funcional próprio. Aqui pode haver a comunicação elencada no art. 30 do CP, ao particular que participe como co-autor ou partícipe do delito.

Sujeito passivo é o estado. O particular também pode ser sujeito passivo se a conduta do agente causar prejuízo a sua pessoa.

Elemento subjetivo é o dolo, ou seja, a livre vontade consciente do agente de praticar a conduta delitiva (inserir ou facilitar a inserção de dados falsos). Por isso, não há previsão legal para a modalidade culposa.

Momento consumativo:

Aqui se trata de crime formal, portanto o crime se consuma com a simples inserção de dados falsos, exclusão, alteração de dados corretos nos sistema de informação da administração pública, independentemente se o funcionário público chegue a obter a vantagem indevida para si ou para outrem. Inseriu, consumado estará o crime.

A doutrina diz que a tentativa é possível (Capez)

Causa de aumento de pena:

A pena aumentada de 1/3, quando o crime for cometido por funcionário público ocupante de cargo em comissão, função de direção, chefia ou assessoramento, conforme preceitua o § 2º do Artigo 327 do CP.

Ação penal

Trata-se de crime de ação penal pública incondicionada.

Capítulo 28

Modificação ou alteração não autorizada de sistema de informações

Art. 313-B. Modificar ou alterar, o funcionário, sistema de informações ou programa de informática sem autorização ou solicitação de autoridade competente:

Pena - detenção, de 3 (três) meses a 2 (dois) anos, e multa.

Parágrafo único. As penas são aumentadas de um terço até a metade se da modificação ou alteração resulta dano para a Administração Pública ou para o administrado.

Aqui estamos diante de um crime que a doutrina chama de delitos de computador.

Objeto jurídico protegido

Aqui mais uma vez tutela-se a administração pública, ou seja, a incolumidade de seus sistemas de informação e programas de informática. Como se sabe, qualquer tipo de alteração nos sistemas de informação da administração pública devem ser feitos, com expressa autorização da autoridade competente, mas se o servidor público fizer tal alteração, sem a devida autorização ou solicitação da autoridade competente, incorre nesse tipo penal.

Se houver autorização legal o fato é atípico.

Objeto material

É o sistema de informações ou o programa de informática da administração pública.

Sujeito ativo é o funcionário público. Neste caso, não é necessário que ele esteja no exercício de suas funções. Basta ser ele servidor e fizer a alteração sem autorização legal, já incorre no tipo penal.

O sujeito passivo é o estado, ou seja, a administração pública, podendo o particular também figurar no pólo passivo se a conduta do funcionário lhe causar prejuízo ou dano.

Elemento subjetivo é o dolo, ou seja, a livre vontade consciente do agente de praticar a conduta delitiva (modificar ou alterar, sistema de informações ou programa de informática sem autorização ou solicitação de autoridade competente).

Momento consumativo

O crime consuma-se com a modificação ou alteração do sistema de informação ou programa de informática. Seja total ou parcial.

Forma: simples, conforme dispõe o caput do artigo

Causa de aumento de pena

Está prevista no parágrafo único do artigo onde diz: As penas são aumentadas de um terço até a metade se da modificação ou alteração resulta dano para a Administração Pública ou para o administrado.

Ação penal

Trata-se de crime de ação penal pública incondicionada, cuja pena não passa de 02 anos, por isso a competência para processar e julgá-la é do juizado especial criminal.

Capítulo 29

Extravio, sonegação ou inutilização de livro ou documento

Art. 314 - Extraviar livro oficial ou qualquer documento, de que tem a guarda em razão do cargo; sonegá-lo ou inutilizá-lo, total ou parcialmente:

Pena - reclusão, de um a quatro anos, se o fato não constitui crime mais grave.

Neste tipo penal, tem a norma jurídica o fim de proteger o regular desenvolvimento da atividade administrativa, quando os livros oficiais são confiados a guarda do funcionário público em razão do cargo que ele exerce e são por ele extraviados, sonegados ou inutilizados.

Elementos do tipo

Conforme se verifica no enunciado normativo, trata-se de crime de ações múltiplas: extraviar, sonegar ou inutilizar. Todas essas condutas, para se tornar crime, é necessário que o funcionário público as pratiquem no exercício do seu cargo, ou seja, que esteja incumbido da guarda do livro ou do documento.

Objeto material

É o livro ou o documento sobre o qual o funcionário público tem a guarda em razão do cargo que exerce, não importando se esse livro ou documento seja particular ou público. O que importa é que estejam sob a sua guarda em função do seu cargo.

É importante salientar, que o processo judicial também pode ser o objeto material desse crime. Assim, se o funcionário público tem sob sua guarda, em função do cargo que exerce o processo e o extravia total ou parcialmente comete o crime descrito neste tipo.

O sujeito ativo é o funcionário público incumbido de guardar o livro ou o documento. Assim estamos diante mais uma vez de um crime próprio.

Se o crime for cometido por funcionário público que não tenha a responsabilidade da guarda do livro ou do documento, ou até mesmo se o crime for praticado por um particular, o crime é outro, ou seja, é o tipo penal descrito no artigo 337 do CP. Preste atenção nisso. O funcionário tem que ter a função da guarda do livro ou do documento.

O sujeito passivo é o estado ou até mesmo um particular que tenha o livro ou documento que lhe pertença, extraviado pelo servidor público.

A elementar subjetiva

É o dolo, ou seja, a livre vontade consciente do funcionário público que tem o documento sob a sua guarda em função do cargo e o extravia. Não há previsão legal para a modalidade culposa. Só se admite a modalidade dolosa.

Momento consumativo

O crime se consuma quando o funcionário público pratica uma das elementares objetivas do tipo penal, qual seja, quando ele extraia, sonega ou inutiliza livro oficial ou qualquer outro documento que esteja sob a sua guarda em função do cargo que exerce.

Segundo a doutrina, trata-se de crime permanente, ou seja, cuja consumação protrai-se no tempo. Quando o extravio é percebido pela autoridade ou até mesmo se ele (servidor) é pego extraviando. Ou quando o funcionário tem o dever de apresentar, relacionar ou mencionar o livro e o documento e deixa de fazê-lo, por isso, a consumação neste caso, pode ocorrer quando surge o dever de o funcionário apresentar o livro ou o documento que está sob a sua guarda e o sonega.

Crime Subsidiário

Conforme consta no referido tipo penal, se o crime praticado pelo servidor público no exercício do cargo for configurado em crime mais grave, aplica-se o crime mais grave.

Por exemplo, havendo ofensa a fé pública, prevalece o crime previsto no artigo 305 do CP ou até mesmo se o funcionário público, mesmo no exercício do cargo cobra pra extraviar o livro ou o documento que está sob a sua guarda, estará o mesmo praticando o crime de corrupção passiva tipificado no Artigo 317, cuja pena é mais grave, conforme ainda estudaremos mais adiante.

Causa de aumento de pena

A pena aumentada de 1/3, quando o crime for cometido por funcionário público ocupante de cargo em comissão, função de direção, chefia ou assessoramento, conforme preceitua o § 2º do Artigo 327 do CP.

Ação penal

Trata-se de crime de ação penal pública incondicionada, cuja pena não passa de 04 anos, por isso é possível a suspensão condicional do processo nos termos da Lei 9.099/95.

Capítulo 30

Emprego irregular de verbas ou rendas públicas

Art. 315 - Dar às verbas ou rendas públicas aplicação diversa da estabelecida em lei:

Pena - detenção, de um a três meses, ou multa.

Este tipo penal tutela a regularidade da atividade da administração pública, mas precisamente no que diz respeito ao emprego das verbas públicas.

Com esse objetivo o legislador tenta impedir que o funcionário público dê destinação diversa das verbas públicas, ao que a lei prevê, de um serviço para outro não previsto na lei.

Se não fosse essa proibição legal, haveria uma bagunça total no que concerne à administração, pois o servidor daria destino as verbas públicas no serviço que ele bem tendesse, o que não pode ser assim.

Como se sabe, toda aplicação dos recursos públicos têm que estar previsto na lei orçamentária (LOA), previamente contabilizada no orçamento da administração, por isso, se o servidor público der destinação diversa ao que constar na lei, aos recursos públicos, incorrerá nesta penalidade.

Sujeito ativo
Estamos diante mais uma vez de um crime próprio, por isso, o crime só pode ser praticado pelo servidor que tem o poder de dispor das verbas públicas, ou seja, todos os administradores públicos em geral que tem a sua disposição as verbas públicas.

O sujeito passivo é o estado, assim como a entidade de direito público prejudicada pelo desvio do numerário público.

Elementar subjetiva

É o dolo, ou seja, a livre vontade consciente do funcionário público, de empregar irregularmente as verbas públicas, não se exigindo que com isso ele tenha obtido para si alguma vantagem econômica.

Momento consumativo

O crime se consuma com a efetiva aplicação das verbas públicas diversamente da previsão estabelecida em lei.

A tentativa é admissível no momento em que a execução do serviço é impedida por circunstâncias alheias a vontade do agente.

Neste tipo penal, pode haver a exclusão da ilicitude pelo estado de necessidade tipificado no Artigo 24 do CP. O exemplo clássico desse estado de necessidade é quando o funcionário público dá destinação diversa das verbas públicas ao que a lei prevê para evitar danos decorrentes de calamidades públicas como inundações, epidemias, incêndios, etc.

Logicamente que nestes casos, o servidor deverá agir de plano para evitar tais calamidades, utilizando dos recursos públicos para tais casos, sem que incorra nas sanções penais do artigo 315, pela excludente de ilicitude elencada no artigo 24 do mesmo diploma penal.

Causa de aumento de pena

A pena aumentada de 1/3, quando o crime for cometido por funcionário público ocupante de cargo em comissão, função de direção, chefia ou assessoramento, conforme preceitua o § 2º do Artigo 327 do CP.

Ação penal

Trata-se de crime de ação penal pública incondicionada, cuja pena não passa de 03 meses, por isso a competência para processar e julgar a ação é do juizado especial criminal, cabendo até a suspensão condicional do processo nos termos da Lei 9.099/95.

Capítulo 31

Concussão

Art. 316 - Exigir, para si ou para outrem, direta ou indiretamente, ainda que fora da função, ou antes, de assumi-la, mas em razão dela, vantagem indevida:

Pena - reclusão, de dois a oito anos, e multa.

Excesso de exação
§ 1º - Se o funcionário exige tributo ou contribuição social que sabe ou deveria saber indevido, ou, quando devido, emprega na cobrança meio vexatório ou gravoso, que a lei não autoriza:

Pena - reclusão, de três a oito anos, e multa.

§ 2º - Se o funcionário desvia, em proveito próprio ou de outrem, o que recebeu indevidamente para recolher aos cofres públicos:

Pena - reclusão, de dois a doze anos, e multa.

O crime previsto neste artigo, qual seja, a concussão, se assemelha ao crime de extorsão, porque também aparece a figura do constrangimento ilegal em que o agente exige indevida vantagem e a vítima cede, mas não pelo emprego de qualquer violência ou grave ameaça, como acontece na extorsão, mas sim pelo sujeito ativo que é o funcionário público em função do cargo que exerce ou que irá exercer.

Neste caso a vítima cede ao servidor safado, com medo de sofrer represálias por parte deste, relacionadas ao exercício da função da mesma.

Em outras palavras: Na concussão, o funcionário público se vale da autoridade que detém em razão da função pública que exerce ou irá exercer, e com mero abuso, para provocar temor na vítima e com isso obter indevidas vantagens.

Objeto jurídico protegido

É a administração pública, ou seja, a moralidade da administração pública, em prol da probidade dos funcionários públicos.

Elementar objetiva

É típica do verbo exigir, ou seja, exigir da vítima o pagamento de vantagem que não é devida e a vítima cede as exigências com medo de represálias imediatas ou futuras, relacionadas a função pública exercida ou futuramente exercida pelo servidor lacaio.

Como diz o tipo penal, tal exigência indevida pode ser formulada pelo funcionário público ainda que fora da função, ou antes, de assumi-la, mas sempre em razão dela. Preste atenção nisso.

Por isso, ainda que o servidor esteja de licença, de férias, ou até mesmo ainda não tenha tomado posse, e exija essa vantagem indevida em função desse cargo, ou seja, de sua autoridade, configurado estará o crime em tela.

O objeto material do crime é a vantagem indevida, seja econômica ou patrimonial, não importa, qualquer vantagem indevida obtida pelo agente, estará configurado o crime.

O sujeito ativo é o funcionário público ainda que esteja de licença, de férias ou embora nomeado, não tenha tomado posse ainda.

O sujeito passivo é o estado, ou seja, a administração pública, podendo ainda figurar no pólo passivo o particular vítima da concussão do servidor marginal, que teve o seu patrimônio ou sua liberdade individual atingida por ele, quando pagou a vantagem indevida.

Elementar subjetiva

É o dolo, ou seja, a livre vontade consciente do agente de exigir a vantagem indevida. Ele quis obter o resultado conscientemente. Não há previsão legal para a modalidade culposa.

Momento consumativo

Estamos diante de um crime formal, por isso, não é necessário que o agente atinja o resultado para consumar o crime, basta apenas que ele exija a vantagem indevida que o crime já estará consumado. Exigiu, ferrou-se.

Causa de aumento de pena

A pena aumentada de 1/3, quando o crime for cometido por funcionário público ocupante de cargo em comissão, função de direção, chefia ou assessoramento, conforme preceitua o § 2º do Artigo 327 do CP.

Excesso de Exação (§ 1º do artigo)

Consta no parágrafo 1º: o funcionário exige tributo ou contribuição social que sabe ou deveria saber indevido, ou, quando devido, emprega na cobrança meio vexatório ou gravoso, que a lei não autoriza:

Pena - reclusão, de três a oito anos, e multa.

É importante esclarecer que exação significa cobrança rigorosa de dívida ou imposto, pontualidade, exigência e exatidão, que embora não corresponda precisamente ao crime, dá a idéia do que se quer definir.

Aqui a exigência indevida do tributo ou contribuição social é indevida, ou seja, não há autorização legal para tal, até porque o valor já foi pago pela vítima ou será pago por ela aos cofres públicos, mas o agente o requer em benefício próprio, ou seja, para os seus bolsos.

A outra modalidade objetiva é a cobrança vexatória ou gravosa não autorizada por lei. Aqui a cobrança é devida, mas a cobrança se faz por meio gravoso ou vexatório para o devedor, o qual não é autorizado por lei.

Assim, esse meio vexatório, é aquele que causa humilhação, vergonha a vítima e gravoso é o que causa maiores despesas.

O objeto material neste caso é o tributo ou a contribuição social.

O sujeito ativo é o funcionário público, portanto, crime próprio.

O sujeito passivo é o estado e a vítima lesada.

Elementar subjetiva é o dolo, nas mesmas espécies explicadas acima.

Momento consumativo
Crime formal, nas mesmas modalidades explicadas acima.

Excesso de Exação de forma qualificada (§ 2º do artigo)

Assim diz o § 2º do referido artigo: Se o funcionário desvia, em proveito próprio ou de outrem, o que recebeu indevidamente para recolher aos cofres públicos:

Pena - reclusão, de dois a doze anos, e multa.

Nesta modalidade qualificada, procurou o legislador punir com maior ênfase o servidor marginal que ao invés de recolher aos cofres públicos o imposto pago ou a contribuição social, desvia para o seu bolso ou para o bolso de outrem.

Logicamente que estamos falando aqui de desvio do referido dinheiro antes de ingressar nos cofres públicos, porque se o dinheiro já tiver sido recolhido aos cofres públicos e depois o servidor ladrão o desvia para o seu bolso ou o bolso de outrem, estará praticando o crime de peculato e não o de concussão.

Capítulo 32

Corrupção passiva

Art. 317 - Solicitar ou receber, para si ou para outrem, direta ou indiretamente, ainda que fora da função, ou antes, de assumi-la, mas em razão dela, vantagem indevida, ou aceitar promessa de tal vantagem:

Pena - reclusão, de 1 (um) a 8 (oito) anos, e multa.

Pena - reclusão, de 2 (dois) a 12 (doze) anos, e multa.

§ 1º - A pena é aumentada de um terço, se, em conseqüência da vantagem ou promessa, o funcionário retarda ou deixa de praticar qualquer ato de ofício ou o pratica infringindo dever funcional.

§ 2º - Se o funcionário pratica, deixa de praticar ou retarda ato de ofício, com infração de dever funcional, cedendo a pedido ou influência de outrem:

Pena - detenção, de três meses a um ano, ou multa.

Pois bem. Com este dispositivo penal, procura-se impedir que os funcionários públicos passem no desempenho de suas funções, a receber vantagens indevidas para praticar ou deixar de praticar certos tos de ofícios.

Como temos visto atualmente, a corrupção é um câncer que afeta o bom funcionamento do corpo da administração pública e o correto desenvolvimento da atividade da administração pública.

Assim, com este dispositivo legal, tentou o legislador proteger o bom funcionamento da administração pública, de acordo com os princípios da probidade e moralidade, tão almejada pela sociedade do bem.

Classificação

Este crime está classificado em corrupção ativa e passiva, conforme iremos discorrer de agora em diante.

Corrupção ativa

O oferecimento de vantagem indevida pelo particular ao servidor público configura a corrupção ativa, típico do Artigo 333 do CP, que iremos discorrer ainda neste estudo.

Já a corrupção passiva caracteriza-se pela solicitação do servidor público ao particular de vantagem indevida.

É importante salientar, que o crime de corrupção não é um crime necessariamente bilateral, ou seja, cada um dos participantes responde pelos delitos autônomos (corrupção ativa ou passiva), mas pode ocorrer de forma concomitante.

Corrupção própria ou imprópria

Na corrupção passiva o funcionário público pratica ou deixa de praticar ato de ofício para beneficiar alguém, em troca de alguma vantagem. O ato a ser praticado pode ser ilegítimo, ilícito ou injusto, aí estaremos de uma corrupção passiva própria. Ex: o funcionário público que solicita vantagem econômica para suprimir documentos de processo judicial.

Já a corrupção passiva imprópria, ocorre quando o funcionário público pratica ato legítimo, lícito e justo em troca de alguma vantagem econômica. Ex: O funcionário público que solicita dinheiro para agilizar o andamento do processo judicial.

Corrupção antecedente ou subsequente

A primeira ocorre quando o funcionário público recebe o dinheiro antes da ação ou omissão, já a subseqüente, como o nome já diz, a entrega da vantagem ocorre posteriormente à ação ou omissão do servidor marginal.

Elementar objetiva:

Trata-se de crime de ação múltipla, porque três são as condutas criminosas, previstas nos verbos do referido artigo. Vamos a elas:

1) Solicitar: Significa pedir, ou seja, manifestar que deseja algo. Aqui não há emprego de qualquer ameaça, o funcionário corrupto solicita a vantagem indevida e a vítima cede e libera por vontade própria. Aqui o crime se consuma com a mera solicitação, independentemente de o funcionário receber a vantagem indevida (crime formal).

2) Receber: significa aceitar, entrar na posse. Neste caso, a proposta parte do terceiro e o funcionário corrupto não só aceita a proposta, como recebe a vantagem indevida. Aqui, diferente da modalidade acima, os crimes se comunicam, ou seja, é necessário que haja a ocorrência da corrupção ativa. Ele não solicitou, mas aceitou a proposta indecente do corruptor. Caiu em tentação.

3) Aceitar a promessa de recebê-la: Neste tipo elementar, basta apenas que o servidor ladrão concorde com o recebimento da vantagem indevida ofertada pelo particular corruptor. Não há o efetivo recebimento da vantagem, mas o crime já se consumou. Como na elementar acima citada, é necessário que haja a ocorrência da corrupção ativa primeiro.

Objeto material

O objeto material é a vantagem indevida, que pode ser de cunho econômico, patrimonial, moral, sentimental, sexual. Por que o agente pode se corromper em prol de uma boa transa.

Sujeito ativo

Trata-se mais uma vez de crime próprio, por conseguinte, só pode ser cometido por funcionário público, em razão da função que exerce. A doutrina admite o concurso de agentes com o particular, desde que este seja induzido, instigado ou auxiliado pelo servidor público.

Mas conforme vimos, o particular que oferece a propina responde pelo crime de corrupção ativa, ou seja, de forma autônoma e não em concurso.

O sujeito passivo é o estado, podendo ainda de forma secundária figurar neste pólo passivo o particular, quando o servidor corrupto pratica a primeira elementar do tipo que é solicitar. Neste caso, o particular não ofereceu, mas foi vítima daquele que solicitou, aí sim pode ser sujeito passivo (só neste caso).

Elementar subjetiva

É o dolo, ou seja, a livre vontade consciente do agente de praticar o crime (de solicitar, receber, ou aceitar promessa de recebê-la) para si ou para outrem.

Momento consumativo:

Como já dissemos acima, estamos diante de um crime formal, ou seja, independe de o agente obter o resultado (a vantagem indevida). Basta apenas ele solicitar, ou aceitar a promessa de receber, que já estará consumado o crime. Quem manda ser ladrão?

Tentativa

É rara, mas é possível. Ex: quando o funcionário corrupto solicita a propina por carta e esta é interceptada pelo chefe do mesmo, não chegando a se consumar nesse caso, por circunstâncias alheias a vontade do agente. Porque se ele solicitar de forma verbal, já consumou.

Causa de aumento de pena

Está prevista no § 1º do referido artigo, quando a conduta do servidor corrupto vai além do recebimento da vantagem indevida e ele efetivamente retarda a prática do ato desrespeitando o prazo para sua execução (nestes dois casos, estamos diante de corrupção imprópria – ato lícito), ou até mesmo deixa de praticar o ato ou pratica infringindo o seu dever funcional, contrariamente ao seu dever de ofício (neste último caso estaremos diante e corrupção própria – ato ilícito)

Forma privilegiada

Está prevista no § 2º, onde diz: Se o funcionário pratica, deixa de praticar ou retarda ato de ofício, com infração de dever funcional, cedendo a pedido ou influência de outrem: Pena - detenção, de três meses a um ano, ou multa

Aqui se trata de conduta de menor gravidade porque o agente pratica ou deixa de praticar ou retarda o ato de ofício, não porque vai receber ou recebeu a vantagem indevida, mas porque cedeu o pedido pela influência de outrem, ou seja, para satisfazer interesse de terceiro ou para agradar ou bajular pessoas influentes. É o famoso babão, que se ferra para agradar o terceiro.

Causas de aumento de pena

A pena aumentada de 1/3, quando o crime for cometido por funcionário público ocupante de cargo em comissão, função de direção, chefia ou assessoramento, conforme preceitua o § 2º do Artigo 327 do CP.

Ação penal

Trata-se de crime de ação penal pública incondicionada.

Capítulo 33

Facilitação de contrabando ou descaminho

Art. 318 - Facilitar, com infração de dever funcional, a prática de contrabando ou descaminho (art. 334):

Pena - reclusão, de 3 (três) a 8 (oito) anos, e multa.

Conforme preceitua a doutrina, contrabando é a importação ou exportação de mercadorias, cuja entrada ou saída é absolutamente proibida.

Já o descaminho é a fraude utilizada para iludir o pagamento total ou parcial de impostos de importação e exportação duaneira, antes do desembaraço das mercadorias.

Assim, se algum servidor público (o que tem o dever funcional), corroborar com tais condutas ilícitas (contrabando ou descaminho), estará incorrendo nesta modalidade penal.

Com este dispositivo penal, tutela-se a administração pública, ou seja, o erário público, uma vez que o descaminho traz sérios prejuízos aos cofres públicos, porque tais impostos de exportação ou importação deixam de ser recolhidos.

Protege-se ainda a saúde, a moral, a ordem pública, uma vez que os produtos contrabandeados deixam de circular ou entrar no país.

Este crime pode ocorrer de forma ativa ou omissiva, ou seja, quando o servidor facilita com a ação ou com a sua omissão na fiscalização (faz vistas grossas).

É importante salientar, que o servidor público que pode ser incluído nesta situação, só pode ser aquele que tem o dever funcional de fiscalizar. Se o servidor não tiver essa incumbência legal, o crime passa a ser o previsto no artigo 334 do CP, e ele entra como partícipe.

Conforme já explicado acima, estamos diante e um crime próprio, ou seja, aquele que só pode ser cometido por servidor público que tenha dever funcional de repressão ao contrabando ou descaminho. Caso contrário, será partícipe nos termos do Artigo 334.

O sujeito passivo é o estado que tem o seu erário público atingido com a falta do recolhimento dos impostos.

A elementar subjetiva é o dolo, ou seja, a livre vontade consciente do servidor público de atingir o resultado da ação delitiva. Com a violação do seu dever funcional.

Momento consumativo

Trata-se de crime formal, ou seja, o crime já estará consumado com a simples facilitação, independentemente de ele atingir o resultado.

Causas de aumento de pena

A pena aumentada de 1/3, quando o crime for cometido por funcionário público ocupante de cargo em comissão, função de direção, chefia ou assessoramento, conforme preceitua o § 2º do Artigo 327 do CP.

Ação penal

Trata-se de crime de ação penal pública incondicionada, cuja competência para processar e julgar, é da justiça federal, nos termos da Súmula 151 do STJ.

Capítulo 34

Da Prevaricação no Direito Penal

Art. 319 - Retardar ou deixar de praticar, indevidamente, ato de ofício, ou praticá-lo contra disposição expressa de lei, para satisfazer interesse ou sentimento pessoal:

Pena - detenção, de três meses a um ano, e multa.

É importante explicar, de início, que prevaricação é a infidelidade ao dever de ofício, ou seja, a função que lhe é exercida. Neste caso, é o não cumprimento do dever de ofício, pelo interesse ou sentimento próprio.

Neste tipo penal, diferentemente do crime tipificado na corrupção passiva (artigo 317), o funcionário público deixa de praticar ato que lhe é próprio, por puro interesse próprio ou sentimento pessoal.

No crime de corrupção passiva, o funcionário público deixa de praticar ou pratica o ato funcional, movido por vantagem econômica, patrimonial, moral, sexual, etc. Já aqui não. Ele deixa de praticar o ato funcional que lhe é devido, por puro interesse ou sentimento pessoal.

Veja bem essa diferença, porque se tiver interesses outros, o crime passa a ser de corrupção passiva. Aqui não há qualquer intervenção alheia. O funcionário comete o crime sozinho, por sentimento pessoal.

Elementares objetivas:

São os núcleos dos verbos retardar, que é atrasar, adiar, deixar de praticar ato de ofício dentro do prazo estabelecido (crime omissivo). Já a outra elementar que é deixar de praticar o ato de ofício.

O objeto material é o ato de ofício.

Deve ser observado, neste tipo penal, que se o funcionário público não tiver atribuição legal, ou seja, o dever de ofício de praticar tal ato, o crime se torna atípico, pois o elemento normativo exige que o servidor tenha o dever funcional de praticar tal ato. Preste atenção nisso.

Assim considerando, estamos diante mais uma vez de crime próprio, que só pode ser cometido por funcionário público que tiver o dever funcional de praticar tal ato de ofício e retarda ou deixa de praticar.

A elementar subjetiva é o dolo, ou seja, a livre vontade consciente do funcionário público de retardar ou deixar de praticar o ato que lhe é obrigatório realizar, com um adendo, qual seja: com o intuito de satisfazer interesse pessoal. Se assim não for, o crime passa ser outro, conforme já comentado acima.

Momento consumativo
O crime se consuma quando o funcionário público pratica algumas das elementares objetivas do tipo, qual seja, quando ele retarda ou deixa de praticar o ato de ofício que é obrigado a realizar. Com o interesse pessoal é claro.

Causas de aumento de pena
A pena aumentada de 1/3, quando o crime for cometido por funcionário público ocupante de cargo em comissão, função de direção, chefia ou assessoramento, conforme preceitua o § 2º do Artigo 327 do CP.

Ação penal

Trata-se de crime de ação penal pública incondicionada, cuja pena não ultrapassa 01 ano, onde a competência para julgar é do juizado especial criminal.

Capítulo 35

Condescendência criminosa

Art. 320 - Deixar o funcionário, por indulgência, de responsabilizar subordinado que cometeu infração no exercício do cargo ou, quando lhe falte competência, não levar o fato ao conhecimento da autoridade competente:

Pena - detenção, de quinze dias a um mês, ou multa.

Pois bem. Sem dúvidas estamos diante de um crime mais brando de prevaricação. Até porque neste caso, o funcionário público deixa de responsabilizar o seu subordinado ou não comunica ao seu superior, em razão de seu espírito de tolerância, de bondade, complacência ou seja lá o que for. Aqui, o sentimento pessoal é este: pena do colega.

Por isso, neste caso, tutela-se o bom e regular desenvolvimento da atividade da administração pública. Aqui estamos diante de um crime omissivo puro, pois o chefe deixa de penalizar o seu subordinado quando ele pratica falta funcional.

É importante dizer, que é pressuposto do crime em tela, a existência de uma falta funcional praticada pelo servidor que está subordinado.

O sujeito ativo desse tipo penal é o funcionário público que tem o dever superior hierárquico, por isso, crime próprio.

O sujeito passivo é o estado.

Elementar subjetiva

É o dolo, ou seja, a livre vontade consciente do superior hierárquico de aliviar a barra do seu colega, por estar com pena deste. Ele quer obter o resultado.

Momento consumativo

O crime se consuma com a simples omissão do superior hierárquico, ou seja, quando ele sabe da infração cometida pelo seu subordinado e não toa nenhuma atitude punitiva. Assim estamos diante de um crime omisso puro, por isso a tentativa é inadmissível.

Causas de aumento de pena

A pena aumentada de 1/3, quando o crime for cometido por funcionário público ocupante de cargo em comissão, função de direção, chefia ou assessoramento, conforme preceitua o § 2º do Artigo 327 do CP.

Ação penal

Trata-se de crime de ação penal pública incondicionada, cuja pena não ultrapassa 01 mês de detenção, cuja competência para julgar é do juizado especial criminal.

Capítulo 36

Da Advocacia Administrativa e o Direito Penal

Art. 321 - Patrocinar, direta ou indiretamente, interesse privado perante a administração pública, valendo-se da qualidade de funcionário:

Pena - detenção, de um a três meses, ou multa.

Parágrafo único - Se o interesse é ilegítimo:

Pena - detenção, de três meses a um ano, além da multa.

Este tipo de crime é o que temos visto nos bastidores dos tribunais de justiça de todos os estados. Servidores, a serviço de escritórios, logicamente que de forma oculta.

Tentou o legislador com essa norma penal coibir essa prática oculta em que o funcionário público se vale dessa condição, ou seja, de fácil acesso aos colegas, seja dentro de sua repartição ou fora dela, para advogar ou favorecer interesses privados.

O sujeito ativo é o funcionário público, portanto, crime próprio.

O sujeito passivo é o estado.

Elementar subjetiva
É o dolo, ou seja, a livre vontade consciente do funcionário público de patrocinar o interesse privado perante a administração pública. Não importando se esta ajudinha seja por amizade ou qualquer outro interesse.

Momento consumativo

Estamos diante de um crime formal, ou seja, estará consumado independentemente se o funcionário público obtiver o resultado pretendido. O simples fato de ele já patrocinar já se consumou o crime.

Forma qualificada

Está identificada no parágrafo único do referido artigo onde diz: Se o interesse é ilegítimo: Pena - detenção, de três meses a um ano, além da multa.

Assim, a pena é majorada se o interesse patrocinado pelo servidor safado for ilícito e ele tenha ciência de que esse interesse defendido é ilícito.

Causas de aumento de pena

A pena aumentada de 1/3, quando o crime for cometido por funcionário público ocupante de cargo em comissão, função de direção, chefia ou assessoramento, conforme preceitua o § 2º do Artigo 327 do CP.

Ação penal

Trata-se de crime de ação penal pública incondicionada, cuja pena não ultrapassa 03 meses de detenção, assim a competência para julgar a ação é do juizado especial criminal.